I0837992

Introduction : L'Hypersensibilité, une Force Méconnue

L'hypersensibilité est un trait de caractère dont on entend de plus en plus parler. Longtemps perçue comme une faiblesse ou une fragilité, elle est désormais reconnue pour ses nombreuses facettes et son potentiel unique. Dans un monde professionnel où la compétitivité et la performance sont souvent des critères essentiels, les personnes hypersensibles peuvent se sentir désavantagées ou marginalisées. Pourtant, cette sensibilité accrue, bien gérée et comprise, peut devenir une force et un atout précieux.

Dans cette introduction, nous explorerons les fondements de l'hypersensibilité, ses impacts dans le monde du travail et les raisons pour lesquelles il est essentiel de changer notre perception de ce trait pour mieux l'apprécier. Nous allons également voir pourquoi ce livre est un guide nécessaire pour les personnes hypersensibles, les employeurs et les collègues, qui bénéficieront tous de la valorisation de cette différence.

Comprendre l'Hypersensibilité

Avant d'aborder l'influence de l'hypersensibilité en milieu professionnel, il est important de clarifier ce que signifie être hypersensible. Contrairement à certaines idées reçues, l'hypersensibilité n'est pas simplement synonyme d'émotivité ou de vulnérabilité. Elle est caractérisée par une perception sensorielle, émotionnelle et cognitive accrue. Les personnes hypersensibles ont une capacité particulière à percevoir les détails, les nuances et les émotions de manière intense, que ce soit dans leur environnement immédiat ou dans leurs interactions sociales.

L'hypersensibilité touche environ 15 à 20 % de la population, selon les recherches menées par la psychologue Elaine Aron, qui a popularisé ce concept dans les années 1990. Ce trait se manifeste sous différentes formes : certains hypersensibles réagissent principalement aux stimuli sensoriels, comme la lumière, le bruit ou les textures ; d'autres sont plus sensibles aux émotions et aux relations interpersonnelles. Il existe également une hypersensibilité cognitive, où la personne est encline à analyser et à traiter l'information de manière profonde et complexe.

Ainsi, l'hypersensibilité ne se limite pas à des réactions émotionnelles intenses, mais implique une manière de percevoir et d'interagir avec le monde qui est fondamentalement différente de celle des personnes non hypersensibles. Cette particularité influence chaque aspect de leur vie, y compris leur expérience au travail.

L'Hypersensibilité dans le Monde Professionnel : Enjeux et Opportunités

Dans un environnement de travail traditionnel, la performance, la rapidité et la compétitivité sont souvent mises en avant comme des qualités essentielles pour réussir. Dans ce contexte, l'hypersensibilité est parfois perçue comme un obstacle. Les hypersensibles peuvent ressentir plus de stress face à des situations exigeantes, être affectés par les tensions au sein de l'équipe, ou encore se retrouver débordés par des environnements de travail bruyants et agités.

Cependant, ces défis ne doivent pas masquer les nombreuses qualités que les hypersensibles apportent au monde du travail. Grâce à leur sensibilité accrue, ils font souvent preuve d'une empathie et d'une écoute exceptionnelles, ce qui en fait de précieux alliés dans les rôles de relation client, de gestion des ressources humaines ou de médiation. Leur attention aux détails et leur capacité à analyser profondément les situations les rendent particulièrement performants dans des métiers qui demandent de la rigueur et de la précision, comme la recherche, la création ou la gestion de projets complexes.

Le défi pour les hypersensibles est donc de naviguer dans un environnement parfois hostile ou mal adapté à leurs besoins, tout en trouvant des moyens de tirer parti de leurs talents uniques. C'est un équilibre délicat, mais qui peut être atteint avec les bonnes stratégies et un soutien adapté. C'est dans cette perspective que ce livre se propose de devenir un guide pratique et inspirant, afin que chaque hypersensible puisse s'épanouir dans sa carrière sans sacrifier son bien-être.

Les Objectifs de ce Livre

Ce livre a été conçu pour répondre aux besoins spécifiques des personnes hypersensibles en milieu professionnel, mais aussi pour sensibiliser les employeurs, les managers et les collègues aux qualités uniques des hypersensibles. Il ne s'agit pas simplement de fournir des conseils pour "gérer" son hypersensibilité, mais de montrer comment la valoriser, comment en faire un atout et non un fardeau.

Les chapitres suivants sont structurés pour offrir une progression logique, en partant de la compréhension des bases de l'hypersensibilité, jusqu'à des stratégies concrètes et des outils pratiques pour mieux naviguer dans le monde du travail. La première partie explore en profondeur les caractéristiques de l'hypersensibilité et les défis qui y sont associés. La seconde partie est axée sur les moyens de transformer l'hypersensibilité en atout, en développant notamment l'intelligence émotionnelle et des techniques de gestion du stress adaptées. La troisième partie aborde des stratégies pratiques pour améliorer la communication, les relations d'équipe et la productivité au travail, tout en respectant ses propres limites et besoins.

Enfin, la quatrième partie est dédiée aux notions de leadership et de management inclusif, pour les personnes hypersensibles qui aspirent à des postes de responsabilité ou pour les responsables d'équipes cherchant à mieux soutenir leurs collaborateurs hypersensibles. En abordant l'hypersensibilité comme une richesse et une source de diversité au sein des équipes, nous encourageons un changement de perspective bénéfique pour l'ensemble des acteurs du monde professionnel.

Pourquoi ce Livre est-il Nécessaire Aujourd'hui ?

Nous vivons une époque où les exigences professionnelles n'ont jamais été aussi élevées, mais où, paradoxalement, les attentes en matière de bien-être et de qualité de vie au travail augmentent également. Les entreprises cherchent à favoriser des environnements de travail inclusifs, dans lesquels chaque employé peut exprimer son plein potentiel. Les études montrent que la diversité cognitive et émotionnelle est un moteur de performance et d'innovation pour les organisations. Dans ce contexte, les personnes hypersensibles, avec leur sensibilité et leur créativité unique, ont un rôle essentiel à jouer.

Pourtant, il reste encore un long chemin à parcourir pour que l'hypersensibilité soit pleinement reconnue et intégrée comme une force dans le monde professionnel. Trop souvent, les hypersensibles se sentent contraints de masquer leur sensibilité pour s'adapter à des environnements de travail standards. Cette dissimulation peut entraîner du stress, de l'anxiété et, dans certains cas, un épuisement professionnel. En leur donnant les outils pour mieux comprendre et valoriser leur sensibilité, ce livre vise à changer cette dynamique et à permettre aux hypersensibles de prospérer dans leur carrière.

Ce livre est donc un appel à l'acceptation et à l'inclusion des différences, pour construire des environnements de travail plus humains, où chacun peut trouver sa place et s'épanouir. Il est également un guide pratique, permettant aux hypersensibles d'apprendre à mieux gérer leurs émotions, à s'affirmer et à réussir sans renier leur sensibilité. Les lecteurs découvriront que loin d'être un fardeau, leur hypersensibilité peut être un puissant moteur de réussite et de satisfaction professionnelle.

Hypersensibilité et Épanouissement Personnel : Un Défi Contemporain

Au-delà des aspects professionnels, être hypersensible signifie souvent percevoir des expériences de manière plus intense et plus profonde que la moyenne des gens. Cette intensité peut se traduire par une plus grande joie face aux petites réussites, un émerveillement devant la beauté ou une compassion accrue pour les autres. Cependant, cette même intensité rend également les défis plus difficiles à surmonter : un conflit au travail, une critique ou une période de forte pression peuvent être vécus de manière plus intense et nécessiter des ressources supplémentaires pour être gérés.

Pour beaucoup de personnes hypersensibles, l'équilibre entre épanouissement personnel et vie professionnelle est particulièrement difficile à trouver. L'épuisement professionnel, ou burn-out, est un risque accru pour ces individus, en raison de leur investissement émotionnel fort et de leur difficulté à poser des limites. Ce livre propose des solutions pour préserver cet équilibre, en apprenant à mieux écouter ses besoins et à poser des limites saines.

Changer la Perception de l'Hypersensibilité dans le Milieu Professionnel

Un des enjeux de ce livre est également de transformer la perception que le monde du travail a de l'hypersensibilité. Plutôt que de la considérer comme un frein, nous verrons comment elle peut être perçue comme une compétence émotionnelle précieuse. Les hypersensibles sont souvent dotés d'une intuition fine et d'une capacité à percevoir les non-dits dans les interactions sociales. Ces qualités, bien que parfois invisibles ou sous-évaluées, sont pourtant fondamentales dans les environnements de travail axés sur la collaboration, l'innovation et l'écoute.

Il est également essentiel que les managers et les collègues prennent conscience de l'existence de cette hypersensibilité et des particularités qui y sont associées. Créer un environnement inclusif et respectueux de la diversité émotionnelle permettra non seulement de soutenir les employés hypersensibles, mais aussi d'améliorer la cohésion et la performance des équipes. La dernière partie de ce livre est dédiée aux conseils pratiques pour les managers et les dirigeants d'entreprises afin de mieux comprendre et valoriser les employés hypersensibles.

Pourquoi Ce Livre Peut Transformer Votre Vie Professionnelle

Si vous êtes hypersensible, vous avez peut-être déjà ressenti le besoin de camoufler cette part de vous-même au travail, de la minimiser pour vous fondre dans la norme. Mais cette dissimulation constante peut être source de stress et d'isolement. Ce livre est conçu pour vous encourager à être authentique dans votre manière de travailler, et à ne plus avoir peur de votre sensibilité.

En lisant cet ouvrage, vous découvrirez des stratégies pour gérer les moments de stress et les interactions professionnelles de manière sereine et constructive. Vous apprendrez également à exploiter votre sensibilité dans des rôles qui valorisent l'empathie, l'intuition et la créativité. Que vous soyez en début de carrière, à la recherche d'un épanouissement plus profond dans votre travail, ou que vous envisagiez de nouvelles responsabilités, ce livre vous guidera dans chaque étape de votre parcours.

Plan de l'Introduction

L'introduction a pour but de poser les bases de ce que signifie être hypersensible dans un environnement professionnel. Elle vise également à expliquer pourquoi ce livre est important et comment il aidera les lecteurs à tirer parti de leur sensibilité au travail. En abordant les caractéristiques de l'hypersensibilité, ses impacts et les objectifs de cet ouvrage, nous offrons une vue d'ensemble qui permettra aux lecteurs de mieux saisir les enjeux et les opportunités qui se présentent à eux.

En conclusion de cette introduction, rappelons que l'hypersensibilité est une qualité complexe, riche et puissante. Elle peut être perçue comme une faiblesse dans un monde professionnel exigeant, mais elle est aussi la source d'une grande force intérieure et d'une capacité unique à innover, à ressentir et à comprendre. Ce livre est un hommage à cette sensibilité, une invitation à l'accepter, à la célébrer et à la transformer en un atout professionnel.

Chapitre 1 : Définir l'Hypersensibilité

L'hypersensibilité est un concept riche et complexe qui suscite de plus en plus d'intérêt et de reconnaissance, notamment dans le cadre du développement personnel et des études de la psychologie moderne. Comprendre ce qu'est l'hypersensibilité est essentiel pour ceux qui la vivent, mais aussi pour ceux qui souhaitent mieux la comprendre et interagir de manière positive avec les personnes concernées. Dans ce chapitre, nous allons explorer ce qu'implique l'hypersensibilité, en quoi elle se distingue de la sensibilité ordinaire, et pourquoi il est essentiel de la reconnaître comme un trait de caractère unique, avec ses défis et ses forces.

Hypersensibilité : Un Trait de Caractère ou un Phénomène Universel ?

L'hypersensibilité touche une proportion relativement importante de la population, estimée entre 15 et 20 % des individus, selon les recherches de la psychologue américaine Elaine Aron, pionnière dans l'étude de ce trait de caractère dans les années 1990. Elle a notamment élaboré le concept de **Highly Sensitive Person (HSP)** ou personne hautement sensible. Dans ses travaux, Aron souligne que l'hypersensibilité est un trait inné, présent dès la naissance, et qui peut être observé à travers divers comportements et réactions face aux stimuli de l'environnement.

Contrairement à une croyance répandue, l'hypersensibilité ne se résume pas à un simple état d'émotivité ou de fragilité émotionnelle. Elle est en réalité bien plus large et englobe plusieurs aspects, dont une plus grande réceptivité aux signaux sensoriels, une tendance à la réflexion profonde et un engagement émotionnel fort. Être hypersensible signifie donc que l'on perçoit le monde d'une manière plus intense, plus détaillée et souvent plus nuancée que la majorité des gens.

Certaines personnes hypersensibles ressentent une grande proximité émotionnelle avec les autres, ressentant leurs états d'âme et leurs émotions presque comme si elles leur appartenaient. D'autres sont particulièrement réceptives aux stimuli physiques et peuvent être dérangées par des lumières trop vives, des bruits soudains ou même des textures de tissus. L'hypersensibilité ne se manifeste donc pas de la même manière pour tous, ce qui en fait un trait de caractère particulièrement diversifié et unique.

Les Types d'Hypersensibilité

Pour mieux comprendre l'hypersensibilité, il est utile de la diviser en plusieurs catégories qui permettent d'identifier les différents aspects de ce trait. Bien que ces catégories ne soient pas strictement définies et puissent se chevaucher, elles offrent une base pour explorer les différentes facettes de l'hypersensibilité.

1. **Hypersensibilité Sensorielle**

2. Les personnes qui manifestent une hypersensibilité sensorielle réagissent plus intensément aux stimuli physiques. Cela peut inclure des réactions fortes aux lumières, aux sons, aux odeurs, aux goûts ou même aux sensations tactiles. Ces individus peuvent trouver certains environnements de travail – comme ceux qui sont bruyants ou mal éclairés – particulièrement éprouvants. Pour eux, un espace de travail calme et ordonné peut faire toute la différence et leur permettre de se concentrer davantage sur leurs tâches.

3. **Hypersensibilité Émotionnelle**

L'hypersensibilité émotionnelle se traduit par une capacité accrue à ressentir les émotions de manière intense, ainsi qu'une grande empathie envers les autres. Les personnes dotées de cette forme d'hypersensibilité sont souvent décrites comme des "éponges émotionnelles", car elles absorbent facilement les humeurs et les émotions des gens autour d'elles. Cette caractéristique peut être un atout dans des métiers axés sur l'interaction humaine, comme le service à la clientèle, le conseil ou les soins de santé, où l'empathie est un facteur clé. Cependant, cette sensibilité émotionnelle peut aussi rendre difficile la gestion des conflits ou des critiques au travail.

4. **Hypersensibilité Cognitive**

Certaines personnes hypersensibles ont une tendance naturelle à analyser en profondeur les situations, à réfléchir aux conséquences et à anticiper les réactions des autres. Cette hypersensibilité cognitive peut leur donner un avantage dans les métiers nécessitant une capacité d'analyse ou une vision stratégique, car elles sont souvent douées pour comprendre des concepts complexes ou pour anticiper les implications d'une décision. Cependant, cette tendance à la réflexion approfondie peut parfois les rendre plus vulnérables au stress et à l'anxiété, car elles ont tendance à se perdre dans leurs pensées ou à anticiper des problèmes avant qu'ils ne se manifestent.

Les Neurosciences de l'Hypersensibilité

La science moderne, et en particulier les neurosciences, ont permis de mieux comprendre les bases biologiques de l'hypersensibilité. Des études menées avec des technologies d'imagerie cérébrale montrent que les cerveaux des personnes hypersensibles fonctionnent différemment. Les zones du cerveau associées à l'empathie, à la perception sensorielle et à la régulation des émotions sont souvent plus actives chez les personnes hypersensibles. Ces différences structurelles et fonctionnelles peuvent expliquer pourquoi les hypersensibles perçoivent et interprètent leur environnement d'une manière plus intense que la majorité de la population.

Les recherches montrent également que les personnes hypersensibles traitent les informations de manière plus approfondie. Par exemple, elles sont plus susceptibles de prêter attention aux détails, d'examiner les situations sous différents angles et de repérer des signaux que d'autres pourraient ignorer. Cette capacité à analyser de manière plus fine peut s'avérer très utile dans certains contextes professionnels, mais elle peut aussi les amener à se sentir dépassées ou surchargées dans des environnements trop stimulants.

L'Hypersensibilité, un Trait Hérité ?

Il est intéressant de noter que l'hypersensibilité semble avoir une composante héréditaire. Les études en génétique suggèrent qu'il existe des gènes associés à une sensibilité accrue, bien que le mode de transmission de ces gènes soit complexe et que l'environnement joue également un rôle dans l'expression de cette sensibilité. En d'autres termes, une personne peut être prédisposée à l'hypersensibilité, mais son vécu, son éducation et son environnement influenceront la manière dont cette sensibilité se manifestera dans sa vie.

Ce lien entre génétique et environnement est essentiel pour comprendre pourquoi certains hypersensibles parviennent à s'épanouir dans des environnements de travail exigeants, tandis que d'autres se sentent submergés. Par exemple, un hypersensible qui a grandi dans un environnement familial soutenant, où son trait de caractère était valorisé, sera peut-être plus à même de gérer sa sensibilité en milieu professionnel.

Hypersensibilité et Adaptation en Milieu Professionnel

L'hypersensibilité, bien qu'elle soit un trait stable, peut également être modulée par les expériences de vie et les pratiques d'adaptation. Les hypersensibles qui parviennent à identifier leurs déclencheurs, à comprendre leurs réactions et à développer des stratégies de gestion du stress auront tendance à mieux s'épanouir dans le monde du travail. C'est dans ce sens que ce livre cherche à aider les lecteurs hypersensibles à explorer leur propre sensibilité et à la transformer en un atout.

Ce processus d'adaptation est parfois appelé **"compétence émotionnelle"**. Elle consiste en l'habileté à reconnaître, à comprendre et à gérer ses propres émotions, ainsi qu'à percevoir et à réagir de manière appropriée aux émotions des autres. Pour les hypersensibles, cette compétence émotionnelle est à la fois un défi et une opportunité : un défi car ils ressentent les émotions avec une grande intensité, et une opportunité car, une fois maîtrisée, cette compétence leur permet de naviguer avec aisance dans les relations professionnelles et de développer un style de communication authentique.

L'Hypersensibilité et les Différences Culturelles

Il est également important de noter que la perception de l'hypersensibilité peut varier selon les cultures. Dans certaines cultures, exprimer des émotions ouvertement et réagir de manière sensible peut être perçu comme un signe de faiblesse ou d'immaturité, tandis que dans d'autres, la sensibilité est valorisée et considérée comme une marque d'empathie et de profondeur. Ainsi, un hypersensible évoluant dans une culture qui valorise la discrétion et la retenue peut ressentir une pression à masquer ou à minimiser sa sensibilité.

Dans le monde du travail, ces perceptions culturelles influencent la manière dont l'hypersensibilité est accueillie ou rejetée. Dans les entreprises occidentales modernes, il est de plus en plus courant de prôner la diversité cognitive et émotionnelle comme une force, mais il reste du chemin à parcourir. Les entreprises évoluant dans des environnements à forte compétitivité ou dans des secteurs conservateurs peuvent encore voir l'hypersensibilité comme une faiblesse. Ce livre invite à un changement de perspective, en reconnaissant que la diversité émotionnelle est tout aussi bénéfique que la diversité des compétences ou des expériences.

Reconnaître les Signes de l'Hypersensibilité

Pour beaucoup de personnes, l'hypersensibilité peut passer inaperçu, tant pour elles-mêmes que pour leur entourage. Certains n'en prennent pleinement conscience qu'à l'âge adulte, souvent après des expériences de stress ou de surmenage au travail. Comprendre que l'on est hypersensible peut être une révélation qui permet de donner un sens à certaines expériences passées et d'ajuster sa manière de travailler et de se comporter dans un environnement professionnel.

Les signes de l'hypersensibilité peuvent inclure :

- Une forte réaction émotionnelle face aux critiques ou aux conflits
- Une perception exacerbée des détails (sons, lumières, odeurs)
- Un besoin de solitude pour se ressourcer après des interactions sociales intenses
- Une capacité naturelle à capter les émotions et les états d'âme des autres
- Une tendance à la réflexion profonde et à l'anticipation des conséquences

En reconnaissant ces signes, il devient possible pour les personnes hypersensibles de mettre en place des mécanismes de gestion qui leur permettent de naviguer plus sereinement dans leur vie professionnelle.

Les Forces de l'Hypersensibilité dans le Monde Professionnel

Au-delà des défis, il est essentiel de rappeler que l'hypersensibilité apporte également des forces précieuses. Les hypersensibles possèdent souvent un haut niveau d'empathie et une grande capacité d'écoute, ce qui les rend particulièrement adaptés aux métiers où le contact humain est primordial. Dans des domaines tels que la santé, l'éducation, le conseil ou la gestion de projet, leurs compétences en communication et leur attention aux besoins des autres sont des atouts précieux.

De plus, les hypersensibles ont une sensibilité esthétique et émotionnelle qui peut s'exprimer de manière créative. Dans les métiers liés à l'art, au design, à l'écriture ou à la résolution de problèmes complexes, leur capacité à percevoir des détails que d'autres pourraient ignorer constitue une force. Leur besoin de profondeur et d'authenticité les pousse également à apporter un sens de l'engagement sincère et passionné à leurs projets professionnels.

Conclusion du Chapitre : Réhabiliter l'Hypersensibilité comme un Atout

Comprendre l'hypersensibilité est le premier pas vers son acceptation et sa valorisation. Ce chapitre a permis d'explorer les différentes dimensions de ce trait de caractère, les manifestations variées qu'il peut prendre et la manière dont il se traduit dans le quotidien des personnes concernées. Loin d'être une simple faiblesse, l'hypersensibilité est une manière unique et précieuse de percevoir et d'interagir avec le monde. Les personnes hypersensibles possèdent des qualités d'empathie, de créativité et de réflexion qui, bien que parfois invisibles ou sous-estimées, constituent des atouts majeurs dans le monde du travail.

Dans les chapitres suivants, nous examinerons comment cette sensibilité accrue peut être transformée en force dans un environnement professionnel parfois exigeant et peu adapté aux besoins des hypersensibles. En apprenant à gérer leur sensibilité, à développer leur intelligence émotionnelle et à tirer parti de leurs compétences uniques, les personnes hypersensibles peuvent s'épanouir et réussir dans leur carrière tout en restant fidèles à elles-mêmes.

Chapitre 2 : L'Impact de l'Hypersensibilité dans le Monde du Travail

L'hypersensibilité peut avoir des répercussions profondes sur la vie professionnelle, influençant à la fois les relations, la performance et le bien-être général des personnes concernées. Dans un environnement souvent dominé par des normes de productivité et de compétitivité, les hypersensibles peuvent se sentir en décalage, voire en difficulté. Pourtant, en prenant le temps de comprendre les implications de leur hypersensibilité, ils peuvent apprendre à mieux naviguer dans cet espace exigeant.

Dans ce chapitre, nous allons explorer comment l'hypersensibilité influence divers aspects de la vie professionnelle, y compris la gestion du stress, la communication avec les collègues et la perception de l'environnement de travail. En examinant les défis spécifiques auxquels sont confrontées les personnes hypersensibles, nous verrons également comment elles peuvent transformer ces obstacles en opportunités.

Les Défis de l'Hypersensibilité au Travail

Le monde du travail impose souvent un rythme effréné et des exigences de performance qui peuvent sembler accablantes pour les hypersensibles. En raison de leur nature réceptive et de leur tendance à analyser en profondeur, ils sont susceptibles d'être plus affectés par le stress, les critiques ou les tensions interpersonnelles.

1. La Gestion du Stress

Les environnements de travail modernes, notamment ceux qui valorisent la productivité rapide et la réactivité, peuvent facilement générer du stress chez les hypersensibles. En raison de leur sensibilité accrue, ils ont souvent une réaction physiologique plus intense au stress, et ce, même face à des situations que d'autres considèrent comme mineures. Par exemple, une surcharge de travail, une réunion tendue ou des délais serrés peuvent déclencher des réactions de stress importantes, les laissant épuisés ou anxieux.

Pour les hypersensibles, gérer le stress demande des efforts particuliers. Là où d'autres peuvent simplement ignorer une remarque désagréable ou une atmosphère tendue, les hypersensibles la ressentent intensément et peuvent y réfléchir longuement. Cette tendance à absorber le stress ambiant peut avoir des répercussions sur leur santé mentale et physique si elle n'est pas bien gérée. Dans les chapitres suivants, nous explorerons des techniques et des stratégies pour que les hypersensibles apprennent à maîtriser ces situations et à mieux gérer leur niveau de stress.

2. Les Relations Interpersonnelles et l'Empathie

L'empathie est l'une des qualités les plus remarquables des personnes hypersensibles. Elles perçoivent intuitivement les émotions et les besoins des autres, ce qui peut être un atout dans des métiers nécessitant de l'écoute et de l'accompagnement. Cependant, cette forte empathie peut également les rendre vulnérables dans un environnement de travail.

Les hypersensibles peuvent absorber l'énergie et les émotions de leurs collègues, se sentant affectés par les tensions au sein de l'équipe ou par les difficultés personnelles de leurs collaborateurs. Dans un environnement où les critiques, les désaccords et les malentendus sont fréquents, cette sensibilité accrue peut devenir un obstacle, car ils ont tendance à prendre les choses personnellement ou à se sentir responsables des émotions des autres. Il est essentiel pour les hypersensibles d'apprendre à se protéger émotionnellement tout en préservant leur capacité à établir des liens authentiques avec leurs collègues.

3. La Réaction aux Critiques et aux Évaluations

Un autre aspect de l'hypersensibilité en milieu de travail est la manière dont les personnes concernées réagissent aux critiques et aux évaluations. En raison de leur sensibilité émotionnelle, les hypersensibles sont souvent très touchés par les retours qu'ils reçoivent, qu'ils soient positifs ou négatifs. Une remarque constructive qui pourrait être perçue comme anodine pour d'autres peut être vécue de manière particulièrement intense par une personne hypersensible, qui pourrait la ruminer longuement ou même douter de ses compétences. Ce sentiment de remise en question peut freiner leur confiance en eux et leur progression dans leur carrière.

Dans certaines entreprises, les processus d'évaluation sont réguliers et conçus pour améliorer la performance des employés. Cependant, pour les hypersensibles, ces sessions peuvent devenir une source de stress et d'anxiété. Pour surmonter cet obstacle, il est essentiel pour eux d'apprendre à voir les critiques de manière objective et de ne pas les interpréter comme une attaque personnelle. En renforçant leur estime de soi et en développant des techniques de gestion des retours, ils peuvent transformer ces moments d'évaluation en opportunités de croissance.

Les Atouts de l'Hypersensibilité dans le Monde du Travail

Bien que l'hypersensibilité puisse créer des défis dans un environnement de travail, elle apporte également des atouts considérables, souvent sous-estimés, qui peuvent enrichir les équipes et contribuer à la réussite collective. Les hypersensibles sont dotés de qualités spécifiques qui, lorsqu'elles sont correctement reconnues et exploitées, peuvent faire la différence au sein d'une organisation.

1. Une Grande Capacité d'Empathie et de Communication

L'empathie est une qualité inestimable dans le milieu professionnel, surtout dans les secteurs où les relations humaines jouent un rôle central. Les hypersensibles, en raison de leur capacité à percevoir les émotions et à comprendre les besoins des autres, se montrent souvent d'excellents communicants. Ils sont à l'écoute de leurs collègues, savent lire entre les lignes et sont capables de désamorcer des situations tendues grâce à leur compréhension fine des dynamiques émotionnelles.

Dans les métiers du service client, de la gestion des ressources humaines ou du coaching, cette empathie est un atout précieux. Elle permet non seulement de créer des relations de confiance, mais aussi de mieux répondre aux attentes et aux préoccupations des clients ou des collaborateurs. Les hypersensibles sont ainsi des atouts pour toute équipe, car leur écoute et leur compréhension favorisent un climat de travail harmonieux et inclusif.

2. Une Attention Accrue aux Détails

Les hypersensibles ont également tendance à prêter attention aux moindres détails, que ce soit dans leur travail ou dans leurs interactions avec les autres. Cette capacité peut être d'une grande utilité dans des tâches nécessitant de la précision, comme l'analyse de données, la rédaction de rapports ou la gestion de projets. Dans un monde où l'efficacité et la rapidité sont valorisées, cette qualité leur permet de détecter les erreurs, d'anticiper les problèmes et de proposer des solutions adaptées.

Cette attention aux détails, souvent accompagnée d'un fort sens de la rigueur, est particulièrement appréciée dans les domaines créatifs ou techniques, tels que la rédaction, le design, la recherche scientifique ou l'ingénierie. Les hypersensibles, grâce à leur sens de l'observation et leur perfectionnisme, apportent une qualité et une profondeur à leur travail qui peuvent faire la différence dans des projets complexes.

3. Une Intuition Développée

L'intuition est une autre qualité des hypersensibles. Grâce à leur sensibilité accrue, ils peuvent capter des signaux subtils et prendre des décisions intuitives qui s'avèrent souvent justes. Cette intuition peut leur permettre de détecter des opportunités, d'anticiper des tendances ou de résoudre des problèmes de manière créative. Dans les environnements qui favorisent l'innovation et l'adaptabilité, cette capacité intuitive peut devenir une véritable force.

De plus, l'intuition peut aider les hypersensibles à naviguer dans des situations complexes, comme les négociations ou les processus de décision impliquant plusieurs parties prenantes. Leur capacité à ressentir les non-dits et à comprendre les motivations des autres leur donne une longueur d'avance pour trouver des solutions qui conviennent à tous. Ils peuvent ainsi jouer un rôle clé dans la gestion de conflits ou dans des projets nécessitant une prise en compte de multiples perspectives.

Les Défis et Opportunités liés à la Culture d'Entreprise

La manière dont l'hypersensibilité est perçue dans le milieu professionnel dépend également beaucoup de la culture d'entreprise. Certaines entreprises valorisent la diversité émotionnelle et laissent plus de place aux expressions individuelles, tandis que d'autres privilégient une approche plus standardisée de la productivité, où l'adaptation aux normes est primordiale. Pour un hypersensible, intégrer une entreprise qui valorise l'écoute, l'entraide et le bien-être au travail peut faire toute la différence dans leur épanouissement professionnel.

1. L'adaptation aux Valeurs de l'Entreprise

Les entreprises qui encouragent une culture d'ouverture et de soutien sont souvent plus propices au développement des personnes hypersensibles. Dans ces environnements, leurs qualités d'empathie, d'intuition et d'attention aux détails sont non seulement acceptées mais valorisées. Les hypersensibles peuvent alors apporter leurs idées et leurs perspectives sans crainte de jugement, contribuant ainsi à une atmosphère de travail plus positive et créative.

En revanche, dans les entreprises où la compétitivité, la performance et la rationalité priment, les hypersensibles peuvent se sentir en décalage. La pression constante à se conformer à ces normes peut être source de stress et même d'épuisement professionnel. Ils peuvent ressentir un manque d'authenticité et de reconnaissance, ce qui peut nuire à leur motivation et à leur satisfaction au travail.

2. Les Bénéfices de la Diversité Émotionnelle dans les Équipes

De nombreuses recherches montrent que la diversité émotionnelle et cognitive au sein des équipes améliore la performance globale. En effet, les personnes hypersensibles apportent une perspective différente, souvent plus intuitive et émotionnelle, qui complète les points de vue plus rationnels de leurs collègues. Dans des équipes équilibrées, cette diversité peut conduire à des prises de décision plus nuancées et à une meilleure compréhension des besoins des clients ou des utilisateurs.

Les entreprises qui reconnaissent la valeur de cette diversité émotionnelle et qui la promeuvent au sein de leurs équipes voient souvent des bénéfices à long terme, notamment en termes d'innovation et de satisfaction des employés. Pour les hypersensibles, évoluer dans une telle entreprise leur permet de donner le meilleur d'eux-mêmes, en alignant leurs valeurs personnelles avec celles de l'organisation.

Exemples de Profils Professionnels pour Hypersensibles

Les personnes hypersensibles s'épanouissent souvent dans des rôles où leurs qualités sont directement valorisées. Voici quelques exemples de métiers ou de secteurs où les hypersensibles peuvent tirer profit de leurs atouts uniques.

1. Les Professions de l'Accompagnement

Les métiers de l'accompagnement, comme la psychologie, le coaching, le travail social ou les soins infirmiers, sont des domaines où l'empathie et la compréhension des autres sont essentielles. Les hypersensibles, avec leur capacité d'écoute et leur intuition, sont souvent très performants dans ces rôles. Ils comprennent instinctivement les besoins de leurs patients ou clients et sont capables d'offrir un soutien émotionnel précieux.

2. Les Métiers Créatifs

Les personnes hypersensibles sont souvent attirées par les domaines créatifs, tels que l'écriture, l'art, le design ou la musique. Leur sensibilité esthétique, combinée à leur attention aux détails, leur permet de créer des œuvres nuancées et profondes. Dans ces métiers, leur capacité à ressentir et à transmettre des émotions devient une véritable force, leur permettant de toucher leur public de manière authentique.

3. La Recherche et l'Analyse

Dans des domaines comme la recherche scientifique, la psychologie ou même la stratégie d'entreprise, les hypersensibles peuvent utiliser leur capacité à analyser en profondeur et leur rigueur pour produire des travaux de qualité. Leur sens de l'observation et leur aptitude à remarquer des détails peuvent les rendre particulièrement performants dans des environnements nécessitant précision et persévérance.

4. La Gestion des Ressources Humaines et les Relations Publiques

Les métiers de la gestion des ressources humaines, de la communication interne et des relations publiques sont également adaptés aux hypersensibles, car ils nécessitent de comprendre les besoins des autres et de favoriser une communication harmonieuse. Leur empathie et leur capacité à détecter les tensions peuvent les aider à améliorer le bien-être des équipes et à résoudre des conflits avant qu'ils ne deviennent problématiques.

Conclusion du Chapitre : Vers une Reconnaissance de l'Hypersensibilité au Travail

Ce chapitre a permis de mettre en lumière les nombreux impacts de l'hypersensibilité dans le monde du travail, en soulignant à la fois les défis et les opportunités qu'elle présente. Bien que les personnes hypersensibles puissent faire face à des difficultés particulières dans des environnements exigeants, elles apportent également des qualités et des compétences inestimables. Leur empathie, leur intuition, leur capacité à analyser et leur sens de l'observation contribuent non seulement à enrichir les équipes, mais aussi à améliorer la qualité des interactions professionnelles.

Pour que les hypersensibles s'épanouissent pleinement au travail, il est essentiel qu'ils apprennent à mieux comprendre et gérer leur sensibilité, tout en cherchant des environnements qui valorisent leurs différences. Ce livre propose d'accompagner les lecteurs dans cette démarche, en offrant des stratégies concrètes pour transformer leur hypersensibilité en un atout et en favorisant un changement de perception dans les entreprises.

Dans le prochain chapitre, nous aborderons les moyens de transformer les défis liés à l'hypersensibilité en forces, notamment par le développement de l'intelligence émotionnelle et des techniques de gestion du stress adaptées aux personnes hypersensibles.

Chapitre 3 : Reconnaître Ses Propres Atouts et Faiblesses

Comprendre et accepter son hypersensibilité est une étape essentielle pour s'épanouir dans le monde du travail. Pour les personnes hypersensibles, il est d'autant plus important de prendre conscience de leurs forces et de leurs limitations, car cela leur permet d'utiliser leurs compétences de manière efficace tout en préservant leur bien-être. Ce chapitre explore les différentes manières d'identifier ses atouts et ses faiblesses en tant qu'hypersensible, ainsi que les moyens de développer une meilleure conscience de soi dans le but de réussir professionnellement.

L'Importance de la Connaissance de Soi

La connaissance de soi est une compétence fondamentale pour toutes les personnes, mais elle revêt une importance particulière pour les hypersensibles. En comprenant leurs propres réactions émotionnelles, leurs déclencheurs de stress, leurs sources de motivation et leurs valeurs, les hypersensibles peuvent mieux naviguer dans le monde du travail et éviter les situations qui pourraient compromettre leur bien-être. La connaissance de soi est aussi le fondement de la résilience et de l'adaptation : en reconnaissant ses propres limites, on devient plus apte à gérer les situations difficiles et à prendre des décisions en accord avec ses besoins.

Pour les hypersensibles, la connaissance de soi est souvent intuitive. Cependant, il est essentiel de l'affiner et de l'approfondir. Connaître ses forces permet de les mettre en avant et de les utiliser de manière proactive, tandis qu'identifier ses faiblesses aide à anticiper les situations potentiellement stressantes ou inconfortables.

Identifier Ses Forces en Tant qu'Hypersensible

Les forces des personnes hypersensibles sont souvent sous-estimées dans un contexte professionnel, car elles ne se manifestent pas toujours de manière visible. Pourtant, ces forces existent et peuvent apporter une réelle valeur ajoutée aux équipes. Voici quelques qualités clés que les hypersensibles possèdent souvent et qu'ils peuvent apprendre à reconnaître et valoriser.

1. Empathie et Écoute

L'empathie est l'une des qualités les plus précieuses des hypersensibles. Cette capacité à ressentir les émotions des autres et à comprendre leurs besoins les rend particulièrement efficaces dans des rôles axés sur les relations humaines. Les hypersensibles sont souvent des auditeurs attentifs et empathiques, ce qui leur permet de créer des relations de confiance avec leurs collègues, leurs clients ou leurs partenaires. Ils savent lire entre les lignes et perçoivent les non-dits, une compétence qui peut être extrêmement utile pour désamorcer des tensions et instaurer un climat de bienveillance au sein de l'équipe.

2. Intuition et Vision

Les hypersensibles possèdent souvent une intuition développée, qui leur permet de percevoir des choses que d'autres pourraient ignorer. Cette capacité intuitive leur donne une vision globale et une compréhension fine des dynamiques en jeu dans une situation. Dans des environnements où il est important de prendre des décisions rapides ou de capter des signaux faibles, cette intuition peut être un atout précieux. Les hypersensibles sont souvent capables de prendre des décisions justes et bien informées en se basant sur leur instinct et leur expérience.

3. Sens de la Qualité et du Détail

L'attention aux détails et la recherche de la qualité sont des aspects courants de l'hypersensibilité. Les hypersensibles sont souvent perfectionnistes et prennent soin de produire un travail de haute qualité. Ils remarquent les erreurs que d'autres pourraient négliger et s'efforcent de livrer des résultats impeccables. Dans des secteurs où la précision est essentielle, comme la recherche, la rédaction, le design ou le contrôle qualité, cette attention accrue aux détails peut constituer une réelle valeur ajoutée.

4. Créativité et Sensibilité Esthétique

La sensibilité des hypersensibles s'exprime souvent par une grande créativité et un sens esthétique prononcé. Ils ont un œil pour les harmonies, les compositions et les nuances subtiles, ce qui les rend particulièrement performants dans les métiers créatifs, comme l'art, le design, l'écriture ou la communication visuelle. Leur capacité à ressentir et à exprimer des émotions profondes se traduit souvent par des œuvres ou des projets captivants et originaux.

Reconnaître et Gérer Ses Faiblesses

Comme tout le monde, les hypersensibles ont aussi leurs faiblesses, et en prendre conscience permet de mieux les gérer. Le but ici n'est pas de se focaliser sur ces limites, mais de les reconnaître pour mieux les contourner ou les surmonter. En adoptant une approche honnête et bienveillante envers eux-mêmes, les hypersensibles peuvent apprendre à voir leurs faiblesses comme des aspects sur lesquels travailler pour améliorer leur bien-être et leur performance professionnelle.

1. La Tendance à la Sur-réaction Émotionnelle

Les hypersensibles ont souvent des réactions émotionnelles intenses, qui peuvent être interprétées comme des sur-réactions par leur entourage. Un commentaire désagréable, un conflit ou un événement stressant peuvent provoquer des émotions disproportionnées par rapport à la situation. Reconnaître cette tendance est essentiel pour éviter les situations où des réactions émotionnelles pourraient avoir des répercussions négatives, par exemple en prenant un moment pour se recentrer avant de réagir.

2. La Difficulté à Poser des Limites

Les hypersensibles ont souvent du mal à poser des limites, car ils ressentent un besoin fort d'aider les autres et de répondre aux attentes. Cela peut les amener à accepter des tâches supplémentaires ou à s'impliquer émotionnellement dans des situations qui ne sont pas de leur ressort. Apprendre à dire non et à respecter ses propres besoins est un défi pour de nombreux hypersensibles, mais c'est également une compétence essentielle pour maintenir un équilibre sain entre vie professionnelle et vie personnelle.

3. La Propension au Perfectionnisme

Le perfectionnisme est une autre caractéristique fréquente chez les personnes hypersensibles. Bien que leur souci du détail et leur recherche de la qualité soient des atouts, cette tendance peut aussi les conduire à passer un temps excessif sur des tâches, à remettre en question leur travail et à se sentir insatisfaits des résultats. Le perfectionnisme peut également causer de la frustration et de l'épuisement, en particulier dans les environnements de travail où la rapidité est valorisée. Prendre conscience de cette tendance et apprendre à lâcher prise sur les détails non essentiels est crucial pour éviter l'épuisement.

4. La Sensibilité aux Critiques

Les hypersensibles ressentent souvent les critiques de manière intense, ce qui peut nuire à leur confiance en eux. Une remarque négative peut les affecter profondément et les amener à douter de leurs compétences. Cette sensibilité aux critiques peut aussi se traduire par une peur excessive de l'échec, limitant leur capacité à prendre des risques ou à saisir des opportunités de croissance. Reconnaître cette faiblesse permet aux hypersensibles de développer des stratégies pour ne pas laisser les critiques affecter leur estime d'eux-mêmes, par exemple en pratiquant l'auto-compassion ou en cherchant un retour d'information constructif.

5. La Propension à l'Auto-critique

En plus d'être sensibles aux critiques externes, les hypersensibles peuvent aussi se montrer très durs envers eux-mêmes. L'auto-critique peut devenir un frein, car elle renforce les sentiments de doute et de culpabilité. Cette propension à l'auto-critique est souvent liée à leur perfectionnisme et à leur tendance à vouloir répondre aux attentes élevées qu'ils se fixent. Apprendre à être plus indulgent envers soi-même et à accepter l'imperfection est une étape essentielle pour réduire le stress et favoriser une vision de soi plus équilibrée.

Méthodes pour Développer la Connaissance de Soi

Pour exploiter pleinement leurs forces et gérer leurs faiblesses, les hypersensibles peuvent s'appuyer sur plusieurs techniques qui favorisent la connaissance de soi. En prenant le temps de se comprendre, ils sont mieux préparés à affronter les défis de leur vie professionnelle et à s'épanouir dans leur carrière.

1. Le Journal de Bord

Tenir un journal est une pratique simple mais efficace pour explorer ses émotions, identifier ses déclencheurs et observer ses réactions face aux événements quotidiens. En écrivant régulièrement, les hypersensibles peuvent prendre du recul sur leurs expériences et mieux comprendre les situations qui déclenchent des réactions intenses. Ce journal peut également servir d'outil pour identifier des schémas récurrents dans leur comportement et leurs émotions, ce qui les aide à mieux se connaître et à anticiper les situations difficiles.

2. L'Introspection Guidée

L'introspection guidée, qui peut se pratiquer en thérapie ou par des exercices d'auto-réflexion, est une méthode utile pour explorer ses pensées et ses émotions de manière structurée. Les hypersensibles peuvent utiliser des questions spécifiques pour approfondir leur compréhension d'eux-mêmes, comme : « Quels sont mes principaux déclencheurs de stress ? », « Quels sont les environnements dans lesquels je me sens le plus à l'aise ? » ou « Quelles sont mes valeurs personnelles et comment influencent-elles mes choix professionnels ? ». Cette introspection aide à clarifier ses priorités et à identifier des pistes d'amélioration.

3. Le Feedback Constructif

Demander un retour d'information à des personnes de confiance peut aider les hypersensibles à obtenir une perspective extérieure sur leurs forces et leurs faiblesses. En écoutant des retours constructifs, ils peuvent mieux comprendre comment ils sont perçus par les autres et quels aspects de leur personnalité ou de leur travail nécessitent des ajustements. Cette pratique les aide également à voir les critiques comme des opportunités de croissance, en apprenant à recevoir des retours de manière constructive.

4. La Méditation et la Pleine Conscience

La méditation et la pleine conscience sont des outils puissants pour les hypersensibles, car elles leur permettent de développer une meilleure conscience de leurs pensées et de leurs émotions. En pratiquant régulièrement la pleine conscience, ils peuvent apprendre à observer leurs réactions sans se laisser submerger par elles, ce qui est particulièrement utile dans les situations stressantes ou conflictuelles. La pleine conscience aide également les hypersensibles à rester ancrés dans le moment présent et à prendre du recul par rapport aux événements stressants.

Transformez Vos Faiblesses en Opportunités de Croissance

Pour les hypersensibles, les faiblesses ne sont pas nécessairement des obstacles insurmontables. En les abordant avec une approche proactive et bienveillante, ils peuvent transformer leurs limitations en opportunités d'apprentissage et de développement personnel. Par exemple, la sensibilité aux critiques, lorsqu'elle est maîtrisée, peut devenir une qualité d'ouverture aux feedbacks constructifs. De même, le perfectionnisme peut être utilisé de manière positive pour fixer des objectifs de qualité réalistes sans pour autant viser l'impeccable.

L'hypersensibilité invite à un travail constant sur soi, mais c'est aussi un trait qui, lorsqu'il est compris et bien géré, peut apporter une grande richesse dans la vie professionnelle. En prenant le temps d'identifier ses points faibles et en développant des stratégies pour les gérer, les hypersensibles peuvent utiliser leur sensibilité comme une source de force intérieure, plutôt que comme une faiblesse.

Conclusion du Chapitre : S'Accepter pour Mieux Réussir

Ce chapitre a permis d'explorer l'importance de la connaissance de soi pour les personnes hypersensibles. En prenant conscience de leurs forces et de leurs faiblesses, elles peuvent non seulement mieux gérer les défis de leur vie professionnelle, mais aussi transformer leur sensibilité en un atout précieux. La connaissance de soi est un processus qui demande du temps et de l'engagement, mais il constitue un investissement essentiel pour les hypersensibles qui souhaitent s'épanouir dans leur carrière sans renier leur nature.

Les hypersensibles sont dotés de qualités uniques, telles que l'empathie, l'intuition et la créativité, qui, bien utilisées, peuvent faire une différence dans leur parcours professionnel. En reconnaissant leurs limites et en apprenant à gérer leurs faiblesses, ils peuvent devenir des professionnels résilients et épanouis, capables d'apporter une contribution précieuse à leur entreprise ou à leur secteur.

Dans le prochain chapitre, nous aborderons comment l'hypersensibilité peut être transformée en une force par le développement de l'intelligence émotionnelle et l'acquisition de techniques de gestion du stress. Ces compétences permettront aux hypersensibles de naviguer plus sereinement dans leur vie professionnelle et de tirer parti de leur sensibilité pour construire une carrière enrichissante.

Chapitre 4 : Développer l'Intelligence Émotionnelle

L'intelligence émotionnelle est une compétence cruciale pour réussir dans le monde du travail, particulièrement pour les personnes hypersensibles. Capacité à comprendre, gérer et exprimer ses propres émotions tout en percevant et en répondant de manière appropriée aux émotions des autres, l'intelligence émotionnelle est un outil puissant pour transformer les défis de l'hypersensibilité en atouts professionnels. En développant cette compétence, les hypersensibles peuvent naviguer plus sereinement dans leur vie professionnelle, améliorer leurs relations interpersonnelles et mieux gérer le stress.

Dans ce chapitre, nous explorerons les cinq composantes de l'intelligence émotionnelle – la conscience de soi, la maîtrise de soi, la motivation, l'empathie et les compétences sociales – et examinerons comment les hypersensibles peuvent les développer pour tirer parti de leur sensibilité dans leur carrière.

Comprendre les Fondements de l'Intelligence Émotionnelle

L'intelligence émotionnelle, telle qu'elle est conceptualisée par le psychologue Daniel Goleman, comprend cinq composantes principales qui permettent aux individus de mieux gérer leurs émotions et d'interagir efficacement avec les autres. Ces composantes sont interdépendantes et forment un ensemble de compétences essentielles pour les personnes hypersensibles, qui peuvent avoir du mal à naviguer dans des environnements de travail souvent exigeants et stressants.

1. La Conscience de Soi

La conscience de soi est la première composante de l'intelligence émotionnelle. Elle implique la capacité de reconnaître ses propres émotions et de comprendre comment elles influencent nos pensées, nos comportements et nos décisions. Pour les hypersensibles, qui ressentent les émotions de manière intense, développer la conscience de soi est essentiel pour éviter de se laisser submerger par des réactions émotionnelles disproportionnées. En prenant le temps de se questionner sur leurs sentiments et leurs besoins, ils peuvent mieux gérer leurs réactions et prendre des décisions plus alignées avec leurs valeurs.

2. La Maîtrise de Soi

La maîtrise de soi, ou régulation émotionnelle, consiste à contrôler ses émotions pour éviter qu'elles n'interfèrent de manière négative avec son comportement. Les hypersensibles, en raison de leur réactivité émotionnelle, peuvent parfois éprouver des difficultés à garder leur calme dans des situations stressantes ou conflictuelles. La maîtrise de soi leur permet d'éviter de réagir de manière impulsive et de mieux gérer les situations tendues, en prenant le temps de respirer et de se recentrer avant de répondre.

3. La Motivation

La motivation intrinsèque est un autre aspect de l'intelligence émotionnelle. Elle implique la capacité de se fixer des objectifs personnels et de persévérer pour les atteindre, même face aux obstacles. Les hypersensibles peuvent parfois se sentir découragés en raison de leur sensibilité aux critiques ou aux situations stressantes. Développer une motivation solide leur permet de rester engagés et résilients, en se concentrant sur leurs valeurs et en trouvant un sens à leur travail.

4. L'Empathie

L'empathie, ou la capacité de se mettre à la place des autres, est une compétence naturelle pour de nombreux hypersensibles. Cependant, pour qu'elle soit bénéfique dans le contexte professionnel, elle doit être bien gérée. Une empathie excessive peut mener à l'épuisement émotionnel, surtout dans les métiers impliquant une interaction constante avec des personnes en difficulté. Apprendre à fixer des limites tout en restant empathique permet aux hypersensibles de soutenir les autres sans se laisser submerger.

5. Les Compétences Sociales

Les compétences sociales sont essentielles pour interagir efficacement avec les collègues, les clients et les partenaires professionnels. Elles incluent la capacité à communiquer de manière claire, à collaborer avec les autres et à résoudre les conflits de manière constructive. En développant leurs compétences sociales, les hypersensibles peuvent surmonter leur tendance à éviter les situations conflictuelles et devenir des communicants efficaces, capables de s'affirmer tout en respectant les autres.

Techniques pour Développer l'Intelligence Émotionnelle

Maintenant que nous avons examiné les composantes de l'intelligence émotionnelle, voyons comment les hypersensibles peuvent renforcer chacune de ces compétences dans un contexte professionnel. En appliquant certaines techniques et en s'engageant dans un travail de développement personnel, les personnes hypersensibles peuvent non seulement mieux gérer leurs émotions, mais aussi s'épanouir dans leurs relations professionnelles.

1. Pratiquer la Conscience de Soi par l'Auto-réflexion

La conscience de soi peut être développée par l'auto-réflexion, qui permet de mieux comprendre ses propres émotions et réactions. Pour cela, les hypersensibles peuvent tenir un journal émotionnel dans lequel ils notent leurs ressentis, leurs pensées et les événements qui les ont déclenchés. Cette pratique régulière les aide à identifier les situations qui génèrent des émotions fortes et à anticiper les réactions potentielles. En prenant le temps de réfléchir à leurs émotions, ils peuvent mieux comprendre leurs besoins et éviter de réagir impulsivement dans des moments de stress.

2. Améliorer la Maîtrise de Soi grâce à la Pleine Conscience

La pleine conscience, ou mindfulness, est une pratique qui aide à développer la maîtrise de soi en apprenant à observer ses pensées et ses émotions sans jugement. En pratiquant la pleine conscience, les hypersensibles peuvent développer leur capacité à rester calmes face aux émotions intenses et à prendre du recul avant de réagir. Par exemple, lorsqu'ils ressentent une montée de stress ou d'anxiété au travail, ils peuvent utiliser des techniques de respiration pour se recentrer. La pleine conscience permet de prendre de la distance par rapport aux émotions, ce qui est particulièrement utile dans les environnements de travail stressants.

3. Cultiver une Motivation Intrinsèque en Identifiant Ses Valeurs

Pour renforcer leur motivation, les hypersensibles peuvent travailler sur l'identification de leurs valeurs personnelles et de leurs objectifs professionnels. En se connectant à ce qui leur tient à cœur, ils peuvent développer une motivation intrinsèque qui les soutient dans les moments difficiles. Par exemple, si un hypersensible valorise l'entraide et la collaboration, il peut se concentrer sur des projets qui reflètent ces valeurs, ce qui lui donnera un sens de satisfaction et de détermination face aux obstacles. En alignant leur travail avec leurs valeurs, ils se sentent plus engagés et trouvent plus de sens à leur carrière.

4. Gérer l'Empathie en Fixant des Limites Émotionnelles

L'empathie est une force précieuse, mais elle peut devenir un fardeau si elle n'est pas bien gérée. Les hypersensibles doivent apprendre à fixer des limites émotionnelles pour éviter de se laisser submerger par les problèmes des autres. Une technique utile est de se rappeler que l'on peut être présent et à l'écoute sans pour autant absorber les émotions des autres. Les hypersensibles peuvent également pratiquer la visualisation, en imaginant un espace protecteur autour d'eux qui les aide à garder une certaine distance émotionnelle. Ces pratiques permettent de préserver leur bien-être tout en restant attentifs aux besoins des autres.

5. Renforcer les Compétences Sociales par la Pratique de l'Affirmation de Soi

Les compétences sociales sont essentielles dans le monde du travail, et les hypersensibles peuvent bénéficier de l'apprentissage de l'affirmation de soi pour surmonter leur tendance à éviter les conflits ou à s'effacer dans les situations tendues. L'affirmation de soi consiste à exprimer ses opinions et ses besoins de manière respectueuse et directe, sans agressivité ni passivité. Pour cela, les hypersensibles peuvent pratiquer des phrases simples pour exprimer leur point de vue, comme « Je ressens... », « Je pense que... », ou « J'ai besoin de... ». Cette approche leur permet de communiquer de manière authentique tout en restant fidèles à eux-mêmes.

L'Intelligence Émotionnelle dans les Interactions Professionnelles

Développer l'intelligence émotionnelle ne se limite pas à une compétence personnelle ; cela a également un impact direct sur la qualité des interactions professionnelles. Pour les hypersensibles, qui peuvent parfois se sentir en décalage avec les dynamiques de groupe ou les environnements compétitifs, l'intelligence émotionnelle offre un moyen de mieux s'intégrer et de contribuer positivement aux équipes.

1. Améliorer la Collaboration avec les Collègues

Les hypersensibles peuvent renforcer leur intelligence émotionnelle pour créer des relations de travail plus harmonieuses. En étant attentifs aux besoins émotionnels de leurs collègues, ils peuvent contribuer à un climat de confiance et de respect. Par exemple, en reconnaissant les signes de stress chez un collègue, ils peuvent offrir un soutien ou proposer une aide, favorisant ainsi une culture de soutien mutuel. Cette approche empathique les rend appréciés par leurs collègues et leur permet de mieux naviguer dans les relations interpersonnelles.

2. Utiliser l'Empathie pour Gérer les Conflits

Les conflits sont inévitables dans le monde du travail, mais les personnes hypersensibles peuvent utiliser leur empathie pour les gérer de manière constructive. En prenant le temps de comprendre les motivations et les émotions de chaque partie, ils peuvent jouer un rôle de médiateur et proposer des solutions qui répondent aux besoins de chacun. Cette capacité à voir les différentes perspectives est précieuse dans la résolution des conflits, car elle permet d'éviter les malentendus et de trouver des solutions équilibrées. Les hypersensibles peuvent ainsi se positionner comme des facilitateurs au sein de leur équipe.

3. Influencer Positivement l'Atmosphère de Travail

Les hypersensibles, grâce à leur sensibilité émotionnelle, ont souvent un impact positif sur l'atmosphère de travail. Leur capacité à être attentifs aux émotions des autres leur permet de détecter les tensions avant qu'elles ne dégénèrent et de créer un environnement de travail plus bienveillant. En développant leur intelligence émotionnelle, ils peuvent utiliser cette influence pour promouvoir une culture de respect et d'inclusion. En cultivant une attitude positive et empathique, les hypersensibles peuvent inspirer leurs collègues et contribuer à une meilleure dynamique d'équipe.

L'Impact de l'Intelligence Émotionnelle sur la Résilience Professionnelle

Développer l'intelligence émotionnelle est particulièrement bénéfique pour les hypersensibles, car cela les rend plus résilients face aux difficultés et aux changements dans leur environnement professionnel. La résilience est la capacité de rebondir après une situation difficile, et elle est essentielle pour s'épanouir dans des contextes de travail exigeants. Grâce à l'intelligence émotionnelle, les hypersensibles apprennent à mieux gérer leurs émotions, à se recentrer après des situations stressantes et à conserver leur équilibre personnel face aux imprévus.

1. Renforcer la Résilience en Gestion de Stress

La résilience repose en partie sur la capacité à gérer le stress de manière saine. Les hypersensibles, qui peuvent être facilement submergés par les stimuli et les attentes au travail, peuvent utiliser leur intelligence émotionnelle pour apprendre à réagir calmement aux situations de stress. Par exemple, lorsqu'ils sont confrontés à une tâche exigeante, ils peuvent utiliser des techniques de respiration ou de pleine conscience pour retrouver leur calme. En cultivant ces pratiques, ils deviennent plus aptes à surmonter les moments de pression sans se laisser envahir par des réactions émotionnelles négatives.

2. Développer une Mentalité de Croissance

La mentalité de croissance est un autre pilier de la résilience. En adoptant une mentalité de croissance, les hypersensibles apprennent à voir les défis et les échecs comme des opportunités d'apprentissage plutôt que comme des échecs définitifs. Cette perspective les aide à rester motivés et à persévérer face aux difficultés. En travaillant sur leur intelligence émotionnelle, les hypersensibles peuvent reprogrammer leurs pensées pour accueillir les épreuves comme des étapes de leur parcours, renforçant ainsi leur capacité à rebondir.

Exemples Concrets de Développement de l'Intelligence Émotionnelle

Pour illustrer les bénéfices de l'intelligence émotionnelle, voici quelques exemples concrets de son application dans le monde du travail, particulièrement pour les hypersensibles :

- **Gestion des feedbacks** : Un hypersensible qui reçoit des retours critiques pourrait ressentir des émotions intenses. Grâce à la maîtrise de soi et à la conscience de soi, il peut prendre du recul et analyser les critiques objectivement, sans se sentir personnellement attaqué. En développant cette approche, il est capable d'accepter les feedbacks comme des éléments constructifs et de les utiliser pour s'améliorer.
- **Gestion des conflits dans une équipe** : Lorsqu'un conflit survient dans une équipe, une personne hypersensible peut utiliser son empathie pour comprendre les perspectives de chacun. En exprimant son point de vue de manière affirmée et en proposant des solutions inclusives, elle aide les membres de l'équipe à trouver un terrain d'entente. Cette approche permet de désamorcer les tensions et de promouvoir une culture de respect et de collaboration.
- **Présentations et réunions** : Les réunions ou les présentations publiques peuvent être des sources de stress pour les hypersensibles. En travaillant sur la maîtrise de soi et en pratiquant la respiration profonde, ils peuvent gérer leur nervosité et rester concentrés. Leur attention aux détails et leur empathie les aident à comprendre les réactions de leur audience et à adapter leur message en fonction des besoins de leur public.

Conclusion du Chapitre : Vers une Intelligence Émotionnelle Épanouie

Ce chapitre a mis en lumière l'importance de l'intelligence émotionnelle pour les hypersensibles dans le monde du travail. En développant la conscience de soi, la maîtrise de soi, la motivation, l'empathie et les compétences sociales, les hypersensibles peuvent transformer leur sensibilité en un atout. L'intelligence émotionnelle leur permet non seulement de mieux gérer leurs propres émotions, mais aussi de naviguer avec aisance dans leurs relations professionnelles et de s'adapter aux exigences de leur environnement de travail.

Pour les hypersensibles, l'intelligence émotionnelle est une compétence qui se construit avec le temps, mais qui offre des bénéfices durables pour leur bien-être et leur réussite. Ce processus de développement personnel les aide à affronter les défis avec résilience, à créer des relations harmonieuses et à trouver un équilibre entre leur sensibilité et les attentes de leur environnement professionnel.

Dans le prochain chapitre, nous explorerons des techniques de gestion du stress spécifiquement adaptées aux personnes hypersensibles. Ces stratégies permettront aux hypersensibles de réduire leur anxiété, de maintenir leur calme et de préserver leur bien-être dans les situations professionnelles les plus exigeantes.

Chapitre 5 : Gestion du Stress et du Burn-out

Le stress est une réalité omniprésente dans le monde du travail, et il affecte particulièrement les personnes hypersensibles, qui réagissent souvent plus intensément aux pressions professionnelles. En raison de leur réceptivité accrue, les hypersensibles ressentent le stress de manière plus profonde, ce qui peut les rendre vulnérables au burn-out si ce stress devient chronique. Dans ce chapitre, nous aborderons les facteurs de stress spécifiques aux hypersensibles, ainsi que des techniques de gestion du stress adaptées à leurs besoins. L'objectif est d'aider les personnes hypersensibles à développer des stratégies pour préserver leur bien-être et éviter l'épuisement professionnel.

Comprendre le Stress chez les Hypersensibles

Le stress est une réponse naturelle face à une situation perçue comme difficile ou menaçante. Il déclenche une série de réactions physiologiques et psychologiques visant à mobiliser l'énergie nécessaire pour faire face à la situation. Cependant, chez les personnes hypersensibles, cette réponse au stress peut être disproportionnée par rapport à la situation réelle, en raison de leur perception intense des stimuli et de leur tendance à ruminer.

Les hypersensibles sont particulièrement touchés par le stress au travail, car ils absorbent non seulement les pressions liées aux tâches et aux délais, mais aussi les tensions émotionnelles présentes dans leur environnement. Ils peuvent être affectés par des situations de conflit, par des critiques perçues ou même par le stress de leurs collègues. Cette réceptivité accrue peut entraîner un épuisement rapide si des mécanismes de gestion du stress ne sont pas mis en place.

Les Facteurs de Stress Spécifiques aux Hypersensibles

Pour gérer efficacement le stress, il est essentiel de comprendre les déclencheurs spécifiques qui affectent les hypersensibles. Voici quelques facteurs de stress courants pour les personnes hypersensibles en milieu professionnel :

1. Les Environnements Bruyants et Agités

Les hypersensibles sont souvent perturbés par les environnements bruyants, encombrés ou visuellement stimulants. Un espace de travail trop bruyant ou désorganisé peut nuire à leur concentration et augmenter leur niveau de stress. Les open spaces, qui sont aujourd'hui répandus dans de nombreuses entreprises, peuvent ainsi devenir une source constante de fatigue et de tension pour eux.

2. La Charge de Travail et les Délais Serrés

Les hypersensibles ont tendance à ressentir plus intensément la pression liée aux échéances. Lorsqu'ils sont confrontés à des délais serrés ou à une surcharge de travail, ils peuvent se sentir submergés et perdre en efficacité. Leur perfectionnisme peut également aggraver cette situation, car ils ont tendance à vouloir faire les choses parfaitement, ce qui augmente le temps et l'énergie investis dans chaque tâche.

3. Les Interactions Interpersonnelles

Les relations interpersonnelles peuvent être source de stress pour les hypersensibles, notamment dans les situations de conflit ou de critique. En raison de leur sensibilité aux émotions des autres, ils peuvent se sentir affectés par les tensions dans leur équipe ou par des remarques perçues comme négatives. Les critiques, même constructives, peuvent être vécues de manière intense et entraîner des sentiments de remise en question.

4. La Prise de Décisions

Les hypersensibles ont souvent du mal à prendre des décisions, surtout lorsque celles-ci ont des conséquences importantes. Leur tendance à analyser en profondeur et à anticiper les impacts possibles de leurs choix peut les amener à douter de leurs décisions et à ressentir une pression accrue. Cette hésitation peut générer un stress supplémentaire, en particulier dans les environnements de travail où la réactivité et la prise de décision rapide sont valorisées.

Techniques de Gestion du Stress pour les Hypersensibles

Maintenant que nous avons identifié les principaux facteurs de stress pour les hypersensibles, passons en revue des techniques spécifiques qui peuvent les aider à mieux gérer ces situations et à préserver leur bien-être.

1. La Respiration Consciente

La respiration consciente est une technique simple mais efficace pour réduire le stress en quelques minutes. En se concentrant sur leur respiration, les hypersensibles peuvent apaiser leur système nerveux et se recentrer. Par exemple, la respiration en quatre temps consiste à inspirer pendant quatre secondes, à retenir sa respiration pendant quatre secondes, à expirer pendant quatre secondes, puis à rester en pause pendant quatre secondes. Répéter cet exercice permet de réduire le rythme cardiaque et de diminuer l'anxiété.

2. La Méditation de Pleine Conscience

La méditation de pleine conscience aide les hypersensibles à prendre du recul par rapport à leurs émotions et à observer leurs pensées sans jugement. En pratiquant la pleine conscience régulièrement, ils peuvent apprendre à ne pas se laisser envahir par le stress et à mieux gérer les situations difficiles. La méditation de pleine conscience peut se pratiquer quotidiennement, même pendant quelques minutes, pour renforcer la capacité à rester calme et à relativiser les événements.

3. Le Temps de Repos et de Récupération

Les hypersensibles ont besoin de plus de temps de récupération pour recharger leurs batteries. Dans un environnement de travail exigeant, il est important de s'accorder des pauses régulières pour éviter l'épuisement. Ces moments de repos peuvent inclure des activités relaxantes comme une promenade, de la lecture, ou simplement quelques minutes de silence. En prenant soin de planifier des pauses dans leur journée, les hypersensibles peuvent mieux gérer leur énergie et réduire leur niveau de stress.

4. La Création d'un Environnement de Travail Apaisant

Pour limiter les sources de stress liées à l'environnement, les hypersensibles peuvent personnaliser leur espace de travail pour en faire un lieu plus apaisant. Cela peut inclure l'ajout de plantes, l'utilisation de casques anti-bruit, ou encore l'organisation de l'espace pour éviter le désordre visuel. Créer un environnement de travail adapté à leurs besoins les aide à rester concentrés et à réduire les distractions.

5. L'Affirmation de Soi et la Gestion des Limites

Pour éviter le stress lié aux relations interpersonnelles, les hypersensibles doivent apprendre à poser des limites claires et à s'affirmer. En exprimant leurs besoins et en disant non lorsque cela est nécessaire, ils peuvent éviter de se sentir submergés. L'affirmation de soi permet également de se protéger des situations émotionnellement drainantes, en préservant leur énergie et leur bien-être.

6. La Gestion des Pensées Automatiques Négatives

Les hypersensibles peuvent être enclins à ruminer des pensées négatives, surtout après une journée stressante ou une interaction difficile. Ces pensées automatiques peuvent alimenter le stress et mener à des sentiments d'inquiétude ou de découragement. Pour éviter cet effet, il est utile de pratiquer des techniques de restructuration cognitive, qui consistent à identifier et à remplacer les pensées négatives par des pensées plus réalistes et positives. Par exemple, après une critique, plutôt que de penser « Je ne suis pas compétent », les hypersensibles peuvent se dire « Je vais tirer des leçons de cette critique pour m'améliorer ». Cette technique permet de réduire l'impact émotionnel des pensées négatives et d'adopter une perspective plus équilibrée.

7. La Pratique de l'Auto-compassion

L'auto-compassion consiste à être bienveillant envers soi-même, notamment dans les moments de difficulté ou de stress. Les hypersensibles, qui peuvent être durs avec eux-mêmes, bénéficient de cette pratique pour réduire leur stress et améliorer leur résilience. En pratiquant l'auto-compassion, ils apprennent à se traiter avec la même gentillesse qu'ils offrent aux autres. Par exemple, après une erreur, ils peuvent se rappeler que tout le monde fait des erreurs et que cela ne remet pas en question leur valeur. Cette approche aide à diminuer la pression personnelle et à renforcer l'acceptation de soi.

Prévenir le Burn-out : Équilibrer Travail et Vie Personnelle

Le burn-out est un état d'épuisement physique, émotionnel et mental qui résulte d'un stress chronique et d'une surcharge de travail. Les hypersensibles sont particulièrement vulnérables au burn-out en raison de leur réactivité au stress et de leur tendance à absorber les émotions de leur environnement. Pour prévenir cet état d'épuisement, il est essentiel d'établir un équilibre sain entre le travail et la vie personnelle.

1. Définir des Limites Claires

L'un des moyens les plus efficaces de prévenir le burn-out est de définir des limites claires entre le travail et la vie personnelle. Les hypersensibles doivent apprendre à éteindre leur esprit professionnel lorsqu'ils quittent leur lieu de travail. Cela peut inclure des règles simples, comme éviter de vérifier ses e-mails professionnels le soir ou le week-end, ou consacrer du temps à des activités qui les détendent. En mettant en place des limites, ils préservent leur énergie et se donnent le temps de se ressourcer.

2. Pratiquer des Activités Ressourçantes

Pour équilibrer le stress du travail, il est important de s'engager dans des activités qui apportent de la joie et du bien-être. Les hypersensibles peuvent trouver du réconfort dans des passe-temps tels que la lecture, la musique, les arts créatifs, ou les promenades en nature. Ces activités leur permettent de déconnecter du stress professionnel et de se recentrer sur des sources de plaisir et de détente.

3. Adopter une Routine de Bien-être

Une routine de bien-être, incluant de bonnes habitudes de sommeil, d'alimentation et d'exercice, est essentielle pour renforcer la résilience face au stress. Le sommeil est particulièrement important pour les hypersensibles, car il leur permet de récupérer mentalement et émotionnellement. En prenant soin de leur santé physique et mentale, les hypersensibles se préparent mieux à affronter les défis de leur vie professionnelle.

Les Signes Avant-Coureurs du Burn-out

Pour éviter le burn-out, il est essentiel d'être attentif aux signes avant-coureurs, qui indiquent qu'il est temps de ralentir et de se recentrer. Les hypersensibles, qui sont particulièrement exposés au burn-out, peuvent ressentir certains de ces symptômes de manière intense. Voici quelques signes indicateurs de burn-out :

- **Fatigue persistante** : Une sensation de fatigue qui ne disparaît pas, même après une nuit de sommeil.
- **Irritabilité et impatience** : Un sentiment d'agacement fréquent face aux tâches ou aux interactions professionnelles.
- **Perte de motivation** : Une perte d'intérêt pour le travail, accompagnée d'un sentiment de détachement.
- **Sentiment de débordement** : Une impression d'être constamment submergé par les responsabilités.
- **Baisse de performance** : Des difficultés à se concentrer ou à accomplir les tâches habituelles.

En reconnaissant ces signes, les hypersensibles peuvent prendre des mesures préventives pour éviter que le stress ne se transforme en burn-out. Il est important de consulter un professionnel de la santé si ces symptômes persistent, car le burn-out peut avoir des répercussions sérieuses sur la santé mentale et physique.

Conclusion du Chapitre : Préserver Son Bien-être pour S'épanouir au Travail

La gestion du stress est un enjeu essentiel pour les hypersensibles, qui peuvent être particulièrement touchés par les pressions professionnelles et les tensions émotionnelles. En apprenant à identifier leurs sources de stress et à adopter des techniques de gestion adaptées, ils peuvent mieux préserver leur bien-être et éviter le risque de burn-out. Ce chapitre a mis en lumière des pratiques telles que la pleine conscience, l'auto-compassion, et l'établissement de limites claires, qui aident les hypersensibles à naviguer plus sereinement dans le monde du travail.

Le stress et le burn-out ne sont pas des fatalités pour les personnes hypersensibles. En cultivant leur résilience et en s'engageant dans un travail de développement personnel, ils peuvent transformer leur expérience professionnelle en un espace d'épanouissement plutôt qu'en une source de tension. Dans le prochain chapitre, nous explorerons comment les hypersensibles peuvent transformer leurs défis en opportunités et tirer parti de leur sensibilité pour s'affirmer et réussir dans leur carrière.

Chapitre 6 : Transformer les Défis en Opportunités

Pour les personnes hypersensibles, le monde du travail peut sembler rempli de défis, de situations inconfortables et de pressions intenses. Cependant, en apprenant à voir ces défis sous un autre angle, il est possible de les transformer en véritables opportunités de croissance et de réussite. Ce chapitre explore des stratégies pour aider les hypersensibles à s'affirmer, à gérer leurs faiblesses de manière constructive et à valoriser leurs forces uniques.

L'objectif est de fournir aux hypersensibles les outils nécessaires pour développer leur résilience et leur confiance en eux, afin de transformer leur sensibilité en un atout professionnel.

Redéfinir les Défis comme des Opportunités d'Apprentissage

La première étape pour transformer les défis en opportunités consiste à changer de perspective. Au lieu de voir les obstacles comme des sources de frustration ou d'échec, les hypersensibles peuvent les considérer comme des occasions d'apprendre, de grandir et de se perfectionner. En adoptant cette approche, ils développent une mentalité de croissance qui les rend plus résilients et les aide à surmonter les moments difficiles.

1. Le Pouvoir de la Réévaluation Cognitive

La réévaluation cognitive est une technique de gestion des émotions qui consiste à reformuler les pensées négatives ou stressantes de manière positive. Par exemple, plutôt que de se dire « Je ne suis pas à la hauteur pour cette tâche », un hypersensible pourrait reformuler cette pensée en « Ce projet est une opportunité pour développer mes compétences ». En pratiquant la réévaluation cognitive, les hypersensibles apprennent à voir leurs expériences sous un nouvel angle, ce qui réduit le stress et renforce leur motivation.

2. Accepter l'Imperfection et l'Erreur comme des Étapes Essentielles

Les hypersensibles, souvent perfectionnistes, ont tendance à craindre l'échec ou à ressentir de la frustration face aux erreurs. Cependant, accepter l'imperfection et comprendre que l'erreur fait partie intégrante du processus d'apprentissage est une étape clé pour transformer les défis en opportunités. En voyant chaque difficulté comme une leçon, ils renforcent leur confiance et leur capacité à prendre des risques calculés, ce qui est essentiel pour évoluer dans leur carrière.

Apprendre à S'affirmer sans Culpabilité

Pour les hypersensibles, l'affirmation de soi peut être un défi de taille. Souvent enclins à éviter les conflits et à se conformer aux attentes des autres, ils peuvent éprouver de la difficulté à exprimer leurs besoins et leurs opinions. Pourtant, s'affirmer est essentiel pour établir des relations de travail saines et respectueuses. En apprenant à le faire de manière positive et bienveillante, les hypersensibles peuvent renforcer leur crédibilité tout en restant fidèles à leurs valeurs.

1. L'Affirmation de Soi Respectueuse

L'affirmation de soi ne signifie pas imposer ses idées aux autres, mais exprimer ses besoins et ses opinions de manière claire et respectueuse. Pour un hypersensible, cela peut commencer par des phrases simples comme « J'ai besoin de temps pour réfléchir » ou « Je ressens que cette situation me met mal à l'aise ». En utilisant un langage positif et non conflictuel, ils apprennent à s'affirmer tout en maintenant un climat de respect et de compréhension avec leurs collègues.

2. Utiliser la Communication Non Violente (CNV)

La communication non violente (CNV) est une méthode de communication qui permet d'exprimer ses sentiments et ses besoins de manière constructive, sans accuser ni blâmer les autres. Cette technique est particulièrement bénéfique pour les hypersensibles, car elle leur permet de se faire entendre sans générer de tension. Par exemple, au lieu de dire « Vous ne me laissez jamais le temps de m'exprimer », ils pourraient formuler « J'apprécierais d'avoir quelques minutes pour partager mon point de vue ». La CNV leur donne ainsi les moyens de s'affirmer tout en créant un dialogue respectueux.

3. S'autoriser à Dire Non

Dire non est une compétence essentielle pour préserver son bien-être, et cela est d'autant plus vrai pour les hypersensibles. En raison de leur empathie et de leur désir d'aider, ils peuvent être tentés d'accepter des responsabilités supplémentaires, même si cela compromet leur équilibre personnel. En s'autorisant à dire non lorsque cela est nécessaire, ils se protègent de l'épuisement et apprennent à gérer leur charge de travail de manière saine. Dire non de manière bienveillante, en expliquant ses raisons, leur permet de préserver leurs limites sans générer de tensions.

Valoriser Ses Forces Uniques dans un Cadre Professionnel

Les hypersensibles possèdent des qualités uniques, telles que l'empathie, la créativité, l'intuition et une attention aux détails. Ces traits peuvent non seulement les aider à se démarquer, mais aussi à apporter une valeur ajoutée à leur équipe et à leur organisation. Pour transformer leurs défis en opportunités, il est important pour eux de reconnaître et de valoriser leurs forces spécifiques, en les intégrant dans leur quotidien professionnel.

1. Utiliser l'Empathie pour Bâtir des Relations Solides

L'empathie est l'une des qualités les plus précieuses des hypersensibles. Dans un monde du travail où les compétences relationnelles sont de plus en plus valorisées, l'empathie leur permet de tisser des liens authentiques et de créer des relations de confiance. En utilisant leur empathie pour soutenir leurs collègues, désamorcer les conflits ou encourager la collaboration, les hypersensibles deviennent des membres d'équipe essentiels et influents.

2. Exploiter la Créativité dans les Projets

La créativité est souvent un trait inné chez les hypersensibles, et elle peut être utilisée pour résoudre des problèmes de manière innovante. Que ce soit dans le design, la communication ou la stratégie, les hypersensibles peuvent apporter des idées originales et des perspectives nouvelles. Ils peuvent également utiliser leur créativité pour trouver des solutions efficaces aux défis qu'ils rencontrent, en adoptant une approche non conventionnelle qui enrichit leur travail.

3. Appliquer l'Intuition pour Prendre des Décisions Éclairées

L'intuition, cette capacité à comprendre rapidement les situations sans passer par un raisonnement logique, est un atout des hypersensibles. Dans des environnements où la réactivité est nécessaire, leur intuition leur permet de prendre des décisions rapides et souvent justes. En valorisant cette capacité intuitive, ils deviennent capables de naviguer dans des situations complexes et d'anticiper les problèmes potentiels avant qu'ils ne surgissent.

4. Tirer Parti de l'Attention aux Détails pour Améliorer la Qualité du Travail

Les hypersensibles ont généralement une attention accrue aux détails, ce qui est un avantage dans les secteurs nécessitant une grande précision. En utilisant cette qualité pour renforcer la qualité de leur travail, ils peuvent garantir des résultats de haute qualité, éviter les erreurs et anticiper les besoins des clients ou des collègues. Cette attention aux détails les rend particulièrement performants dans des rôles impliquant de la recherche, du contrôle qualité ou de la gestion de projet.

Surmonter les Obstacles pour S'épanouir dans sa Carrière

Bien que les hypersensibles rencontrent des défis dans leur carrière, ils peuvent utiliser des stratégies concrètes pour surmonter ces obstacles et s'épanouir. Apprendre à relever les défis et à transformer les difficultés en sources de croissance personnelle et professionnelle leur permet de trouver un équilibre entre leur sensibilité et les attentes du monde du travail.

1. Adopter une Mentalité de Croissance

La mentalité de croissance consiste à voir les défis comme des occasions d'apprendre et de se perfectionner. En adoptant cette mentalité, les hypersensibles deviennent plus résilients face aux difficultés, car ils apprennent à apprécier le processus de croissance. Par exemple, au lieu de se décourager face à un retour critique, ils peuvent se dire que cette expérience est l'occasion de développer de nouvelles compétences et de progresser.

2. Prendre Soin de Son Bien-être pour Mieux Performer

Le bien-être est essentiel pour que les hypersensibles puissent tirer parti de leurs forces et surmonter leurs faiblesses. Cela implique de prendre soin de soi, en maintenant une bonne hygiène de vie, en équilibrant travail et repos, et en cultivant des activités ressourçantes. En accordant de l'importance à leur bien-être, les hypersensibles sont en mesure de maintenir leur niveau d'énergie, de rester concentrés et de performer de manière optimale.

3. S'entourer de Personnes Bienveillantes

Le soutien social est crucial pour les hypersensibles, car il leur permet de se sentir compris et soutenus dans leurs efforts. En s'entourant de collègues ou de mentors bienveillants, ils trouvent un réseau de personnes qui respectent leurs besoins et qui les encouragent à s'affirmer. Un environnement de travail positif et des relations harmonieuses permettent aux hypersensibles de s'épanouir sans se sentir jugés ou mal à l'aise.

4. Utiliser les Retours Constructifs pour S'améliorer

Les hypersensibles peuvent parfois percevoir les critiques comme une remise en question personnelle. Cependant, en apprenant à recevoir les retours d'une manière constructive, ils peuvent les utiliser pour s'améliorer sans se sentir atteints dans leur estime de soi. Les retours constructifs leur offrent des perspectives pour progresser et renforcer leurs compétences, les aidant à s'adapter aux exigences de leur poste.

Se Fixer des Objectifs Alignés avec Ses Valeurs

Pour les hypersensibles, il est essentiel de se fixer des objectifs professionnels qui sont alignés avec leurs valeurs et leurs intérêts personnels. Travailler en accord avec ses valeurs renforce le sentiment de satisfaction et donne un sens à leur carrière. En définissant des objectifs qui reflètent leur engagement et leur passion, les hypersensibles se sentent plus motivés et plus résilients face aux difficultés.

1. Identifier Ses Valeurs Fondamentales

Les valeurs personnelles sont les principes qui guident nos choix et définissent ce qui est important pour nous. En identifiant leurs valeurs fondamentales, les hypersensibles peuvent mieux comprendre ce qui les motive et ce qui leur procure un sentiment d'accomplissement. Que ce soit la créativité, l'entraide ou l'authenticité, connaître ses valeurs permet de choisir des projets et des missions alignés avec son identité.

2. Se Fixer des Objectifs à Court et Long Terme

Les hypersensibles peuvent établir des objectifs professionnels à court et long terme qui correspondent à leurs aspirations et à leurs ambitions. Les objectifs à court terme permettent de garder une motivation quotidienne, tandis que les objectifs à long terme offrent une vision globale de leur parcours professionnel. En progressant vers des objectifs significatifs, ils cultivent un sentiment d'accomplissement et de satisfaction.

3. Rechercher des Opportunités de Développement

Les hypersensibles peuvent chercher activement des opportunités de développement professionnel, que ce soit à travers des formations, des mentors ou des projets stimulants. En poursuivant des opportunités qui les font grandir et évoluer, ils augmentent leur sentiment de compétence et leur confiance en eux. Ce développement continu leur permet de relever de nouveaux défis et de transformer leur sensibilité en un atout professionnel.

Conclusion du Chapitre : Créer un Chemin de Carrière épanouissant

Ce chapitre a exploré comment les hypersensibles peuvent transformer leurs défis en opportunités et utiliser leurs forces uniques pour bâtir une carrière épanouissante. En redéfinissant les obstacles comme des occasions d'apprentissage, en apprenant à s'affirmer sans culpabilité et en valorisant leurs compétences distinctives, ils deviennent capables de s'affirmer dans leur environnement professionnel.

Le monde du travail, bien qu'exigeant, offre également des possibilités infinies pour ceux qui savent tirer parti de leurs qualités uniques. Les hypersensibles, en adoptant une mentalité de croissance, en fixant des objectifs alignés avec leurs valeurs et en cultivant des relations positives, peuvent créer un chemin de carrière enrichissant et satisfaisant. Le prochain chapitre abordera des stratégies concrètes pour améliorer la communication et la collaboration en équipe, afin que les hypersensibles puissent renforcer leur impact et leur influence au sein de leur organisation.

Chapitre 7 : Communiquer et Collaborer en Équipe

La communication et la collaboration sont des éléments clés de la réussite professionnelle, et cela est particulièrement vrai pour les personnes hypersensibles. En raison de leur sensibilité aux émotions des autres et de leur empathie naturelle, les hypersensibles peuvent être des collaborateurs précieux, capables de créer des liens authentiques et de favoriser un climat de travail harmonieux. Cependant, ils peuvent également rencontrer des difficultés à s'exprimer clairement ou à gérer les situations conflictuelles.

Dans ce chapitre, nous explorerons des techniques de communication adaptées aux hypersensibles, qui les aideront à renforcer leurs relations professionnelles et à collaborer efficacement au sein de leur équipe. Nous aborderons également des stratégies pour s'affirmer dans les échanges, gérer les conflits de manière constructive et tirer parti de leur sensibilité pour améliorer la dynamique de groupe.

L'Importance d'une Communication Claire et Authentique

Pour les hypersensibles, une communication claire et authentique est essentielle pour éviter les malentendus et préserver leur bien-être. Communiquer de manière authentique signifie exprimer ses pensées et ses émotions de manière honnête, sans pour autant être trop vulnérable ou trop réservé. Une communication efficace leur permet non seulement de transmettre leurs idées, mais aussi de faire entendre leurs besoins et leurs limites dans un cadre respectueux.

1. Apprendre à Formuler Ses Pensées avec Clarté

Les hypersensibles, qui ressentent souvent de nombreuses émotions simultanément, peuvent avoir du mal à exprimer clairement ce qu'ils pensent ou ce qu'ils ressentent. Il est donc utile de pratiquer l'art de la formulation, en prenant le temps de structurer ses pensées avant de parler. Une technique efficace consiste à réfléchir en amont à ce que l'on veut dire et à organiser ses idées autour de trois axes principaux : l'objectif, les faits et les émotions. Par exemple, en présentant une idée, ils peuvent expliquer pourquoi elle est importante, sur quels faits elle repose, et comment elle pourrait être bénéfique pour l'équipe.

2. Utiliser le "Je" pour Faciliter la Communication

Utiliser le "Je" dans la communication est une technique simple mais puissante pour exprimer son ressenti sans provoquer de réactions défensives chez les autres. Par exemple, au lieu de dire « Vous n'écoutez jamais mes idées », ils peuvent formuler « Je me sens ignoré lorsque mes idées ne sont pas prises en compte ». En utilisant le "Je", les hypersensibles communiquent leurs émotions de manière personnelle, ce qui rend la conversation plus authentique et moins susceptible de créer des tensions.

3. Pratiquer l'Écoute Active

L'écoute active est une compétence précieuse pour les hypersensibles, car elle leur permet de comprendre pleinement le point de vue des autres et de renforcer les liens de confiance. L'écoute active implique de se concentrer pleinement sur ce que l'autre dit, de poser des questions pour clarifier les informations et de reformuler les points importants pour montrer que l'on a bien compris. En pratiquant l'écoute active, les hypersensibles améliorent leur capacité à collaborer efficacement et à créer des relations de travail harmonieuses.

S'Affirmer dans les Échanges sans Créer de Tensions

Pour les hypersensibles, s'affirmer dans les échanges peut parfois être difficile, car ils sont souvent enclins à éviter les conflits et à se conformer aux attentes des autres. Pourtant, apprendre à s'affirmer est crucial pour établir des relations professionnelles saines et respectueuses. S'affirmer signifie exprimer ses opinions et ses besoins de manière claire et respectueuse, sans être ni agressif ni passif.

1. S'affirmer de Manière Posée et Respectueuse

L'affirmation de soi posée consiste à exprimer son opinion de manière calme et respectueuse, sans chercher à dominer la conversation ni à se retirer. Les hypersensibles peuvent utiliser des phrases telles que « Je pense que… », « Je ressens que… » ou « J'aimerais proposer… » pour introduire leur point de vue sans imposer leurs idées. Cette approche leur permet de se faire entendre tout en maintenant un climat de respect et de bienveillance.

2. Gérer les Désaccords avec Ouverture d'Esprit

Les désaccords sont inévitables en milieu professionnel, mais ils ne doivent pas être perçus comme des menaces. Les hypersensibles peuvent apprendre à aborder les désaccords avec ouverture d'esprit en cherchant à comprendre le point de vue de l'autre et en acceptant que des opinions différentes existent. En exprimant leurs propres idées de manière respectueuse et en écoutant attentivement leurs collègues, ils montrent qu'ils sont ouverts au dialogue et prêts à trouver un compromis.

3. Demander de l'Aide ou des Clarifications si Nécessaire

Les hypersensibles peuvent parfois hésiter à demander de l'aide, de peur d'être perçus comme inefficaces. Cependant, savoir demander de l'aide ou des clarifications est un signe de maturité professionnelle. En exprimant clairement leurs besoins, ils montrent qu'ils prennent leur travail au sérieux et qu'ils sont prêts à tout faire pour bien comprendre les attentes de l'équipe. Par exemple, si une tâche ou une directive leur semble confuse, ils peuvent demander une clarification en expliquant simplement « J'aimerais être sûr de bien comprendre pour que mon travail soit aligné avec vos attentes. »

Gérer les Conflits de Manière Constructive

Les conflits font partie intégrante de la vie professionnelle, et bien qu'ils puissent être difficiles à gérer pour les hypersensibles, ils ne sont pas nécessairement négatifs. En effet, un conflit bien géré peut renforcer la compréhension mutuelle et améliorer la dynamique de l'équipe. Pour les hypersensibles, l'essentiel est d'apprendre à gérer les conflits de manière constructive, sans laisser les émotions prendre le dessus.

1. Rester Calme et Prendre du Recul

Lorsqu'un conflit survient, il est facile de se laisser emporter par les émotions. Cependant, pour les hypersensibles, qui réagissent souvent plus intensément, il est essentiel de prendre un moment pour respirer et se recentrer avant de répondre. En prenant quelques secondes pour respirer profondément, ils peuvent réduire leur stress et aborder la situation avec un esprit clair. Cette technique permet d'éviter les réactions impulsives qui pourraient aggraver la situation.

2. Se Concentrer sur les Faits Plutôt que sur les Émotions

Les hypersensibles, en raison de leur forte connexion émotionnelle, peuvent parfois interpréter les critiques ou les désaccords comme des attaques personnelles. Pour gérer les conflits de manière constructive, il est important de se concentrer sur les faits objectifs plutôt que sur les émotions ressenties. Par exemple, au lieu de se focaliser sur le sentiment de frustration, ils peuvent formuler le problème en termes concrets : « Je pense que ce projet a pris du retard en raison de certaines étapes manquantes, comment pouvons-nous y remédier ? » Cette approche rationnelle permet de garder la conversation sur un terrain neutre et de trouver des solutions.

3. Chercher des Solutions et des Compromis

Les conflits peuvent être résolus de manière constructive en adoptant une attitude de recherche de solutions. En cherchant des compromis ou en proposant des alternatives, les hypersensibles montrent qu'ils sont engagés à résoudre le problème de manière collaborative. Par exemple, s'ils ont une opinion différente sur une tâche, ils peuvent suggérer une solution intermédiaire qui prend en compte les points de vue de chacun. Cette approche encourage le dialogue et montre leur volonté de travailler en équipe.

4. Utiliser la Communication Non Violente pour Exprimer leurs Besoins

La communication non violente (CNV) est une méthode efficace pour exprimer ses besoins sans blâmer ni juger. Pour les hypersensibles, la CNV est particulièrement utile, car elle leur permet de se faire entendre de manière douce et constructive. En formulant leurs phrases selon les quatre étapes de la CNV (observation, sentiment, besoin, demande), ils peuvent exprimer leur ressenti de manière calme et claire. Par exemple, « Quand je ne reçois pas les informations à temps (observation), je me sens stressé (sentiment) car j'ai besoin de clarté pour bien planifier mon travail (besoin). Pourrions-nous fixer une date limite pour l'envoi des informations ? (demande) ». Cette méthode favorise la compréhension et encourage une résolution des conflits respectueuse.

Renforcer la Collaboration au sein de l'Équipe

Pour les hypersensibles, renforcer la collaboration avec leurs collègues est essentiel pour s'intégrer harmonieusement dans leur environnement de travail et contribuer au succès de leur équipe. En utilisant leur empathie et leurs compétences relationnelles, ils peuvent non seulement améliorer la cohésion de l'équipe, mais aussi apporter une dimension humaine et bienveillante au travail collectif.

1. Encourager la Communication Ouverte et la Transparence

Les hypersensibles peuvent jouer un rôle clé dans la promotion de la communication ouverte au sein de leur équipe. En encourageant leurs collègues à partager leurs opinions et en offrant un espace d'écoute respectueux, ils contribuent à créer un environnement de travail où chacun se sent libre de s'exprimer. Par exemple, ils peuvent proposer des moments de feedback ou de partage d'idées pour renforcer l'esprit de collaboration et favoriser des échanges constructifs.

2. Favoriser l'Inclusion et la Participation de Tous

En raison de leur sensibilité aux émotions et aux besoins des autres, les hypersensibles sont souvent bien placés pour favoriser l'inclusion au sein de leur équipe. Ils peuvent encourager la participation de tous les membres, même ceux qui sont plus réservés, en veillant à ce que chacun ait la possibilité de s'exprimer. En intégrant des voix diverses et en valorisant les idées de chacun, ils contribuent à une dynamique d'équipe plus inclusive et plus équilibrée.

3. Apporter un Soutien Émotionnel à leurs Collègues

Les hypersensibles, en raison de leur forte empathie, peuvent être un soutien précieux pour leurs collègues en période de stress ou de difficulté. En étant attentifs aux signes de fatigue ou de frustration chez les autres, ils peuvent offrir une oreille attentive et des encouragements. Ce soutien émotionnel aide à renforcer la cohésion de l'équipe et crée un environnement de travail où chacun se sent soutenu et valorisé.

4. Proposer des Activités de Cohésion d'Équipe

Les hypersensibles peuvent également prendre l'initiative de proposer des activités de cohésion d'équipe, qui renforcent les liens entre les membres et améliorent l'atmosphère de travail. Que ce soit des déjeuners d'équipe, des activités de team building ou des moments de détente, ces initiatives favorisent la collaboration et l'entente au sein de l'équipe. En utilisant leur sens de la créativité, les hypersensibles peuvent imaginer des activités qui reflètent les valeurs de l'équipe et renforcent son unité.

Conclusion du Chapitre : Devenir un Communicateur et un Collaborateur Efficace

Ce chapitre a exploré les stratégies que les hypersensibles peuvent utiliser pour améliorer leur communication et leur collaboration au sein de leur équipe. En développant des compétences telles que l'écoute active, l'affirmation de soi et la gestion des conflits, ils deviennent des communicateurs et des collaborateurs efficaces, capables de s'intégrer harmonieusement dans leur environnement de travail tout en faisant entendre leurs idées et leurs besoins.

Les hypersensibles apportent une richesse unique aux équipes grâce à leur empathie, leur attention aux besoins des autres et leur capacité à créer un climat de bienveillance. En tirant parti de leurs forces et en adoptant des techniques de communication adaptées, ils peuvent non seulement renforcer leur impact professionnel, mais aussi contribuer de manière significative à la cohésion et à la performance de leur équipe.

Dans le prochain chapitre, nous explorerons comment les hypersensibles peuvent créer un environnement de travail épanouissant, en mettant en place des stratégies pour limiter les distractions, améliorer leur concentration et organiser leur espace de manière à préserver leur bien-être et leur productivité.

Chapitre 8 : Créer un Environnement de Travail Épanouissant

Pour les personnes hypersensibles, l'environnement de travail joue un rôle crucial dans leur bien-être et leur efficacité. En raison de leur sensibilité accrue aux stimuli externes, ils peuvent être facilement perturbés par des distractions, du bruit ou un espace désordonné. En prenant des mesures pour adapter leur environnement, ils peuvent créer un cadre propice à la concentration, à la sérénité et à l'épanouissement professionnel.

Dans ce chapitre, nous explorerons des stratégies pour personnaliser l'espace de travail, réduire les distractions, et organiser les tâches de manière à favoriser le bien-être et la productivité. En prenant le contrôle de leur environnement, les hypersensibles deviennent mieux équipés pour gérer les défis de leur travail tout en restant centrés et motivés.

Aménager un Espace de Travail Calme et Apaisant

L'aménagement de l'espace de travail est essentiel pour les hypersensibles, qui sont souvent influencés par leur environnement immédiat. En créant un espace de travail calme et organisé, ils peuvent limiter les sources de stress et se concentrer sur leurs tâches sans se sentir submergés.

1. Choisir un Espace de Travail Éloigné des Distractions

Dans la mesure du possible, il est bénéfique pour les hypersensibles de choisir un endroit calme, éloigné des bruits et des passages fréquents. Par exemple, dans un open space, ils peuvent opter pour un poste situé près des fenêtres ou des plantes, ou utiliser un casque anti-bruit pour minimiser les distractions sonores. En s'éloignant des zones bruyantes, ils créent une bulle de tranquillité qui leur permet de mieux se concentrer.

2. Organiser l'Espace de Manière Harmonieuse

Un espace de travail bien organisé aide à réduire le stress visuel et à instaurer un sentiment de calme. Les hypersensibles, qui perçoivent facilement les détails, peuvent tirer profit d'un bureau rangé et épuré. En rangeant leurs fournitures et en évitant l'encombrement, ils réduisent la surcharge visuelle et mentale, ce qui favorise un état d'esprit plus serein et concentré.

3. Intégrer des Éléments Apaisants

Pour créer un environnement agréable, les hypersensibles peuvent ajouter des éléments qui leur procurent un sentiment de bien-être. Par exemple, des plantes vertes, des objets personnels ou des couleurs douces peuvent rendre l'espace plus accueillant et apaisant. Les plantes, en particulier, ont des effets bénéfiques sur la qualité de l'air et apportent une touche de nature, ce qui aide à se détendre et à se recentrer.

4. Utiliser des Écouteurs ou une Musique Apaisante

Les hypersensibles peuvent se sentir facilement dérangés par les bruits ambiants, surtout dans des bureaux partagés. L'utilisation d'écouteurs et de musique douce est une solution efficace pour masquer les bruits de fond et se concentrer sur leurs tâches. Des playlists de musique calme ou des sons de la nature peuvent également contribuer à réduire le stress et à maintenir un niveau d'énergie stable tout au long de la journée.

Limiter les Distractions pour Favoriser la Concentration

Les distractions, qu'elles soient visuelles, sonores ou numériques, peuvent perturber la concentration des hypersensibles, qui ont souvent besoin d'un environnement calme pour rester productifs. En adoptant des stratégies pour limiter ces distractions, ils peuvent se focaliser pleinement sur leurs tâches et atteindre leurs objectifs sans être constamment interrompus.

1. Désactiver les Notifications Non Essentielles

Les notifications constantes, qu'elles proviennent des e-mails, des messages instantanés ou des réseaux sociaux, peuvent rapidement disperser l'attention. Pour maintenir une concentration optimale, les hypersensibles peuvent désactiver les notifications non essentielles sur leur téléphone et leur ordinateur. En définissant des moments précis pour consulter leurs messages, ils évitent les interruptions fréquentes et restent concentrés plus longtemps.

2. Pratiquer le "Batching" des Tâches

Le batching consiste à regrouper des tâches similaires pour les accomplir dans un laps de temps défini, sans interruptions. Par exemple, les hypersensibles peuvent regrouper les tâches administratives, comme la gestion des e-mails, et y consacrer un moment spécifique de la journée. Cette méthode leur permet de minimiser les distractions liées au changement constant de tâches et d'entrer dans un état de concentration profonde.

3. Établir des Périodes de Travail sans Interruption

Pour préserver leur concentration, les hypersensibles peuvent instaurer des plages horaires sans interruption, durant lesquelles ils se consacrent pleinement à leurs projets prioritaires. Ces périodes de travail ininterrompues leur permettent d'atteindre un niveau de productivité maximal, en entrant dans un état de « flow », où la concentration est optimale. En communiquant ces horaires à leurs collègues, ils s'assurent de travailler dans un cadre respectueux de leurs besoins.

4. Utiliser des Techniques de Gestion du Temps comme la Méthode Pomodoro

La méthode Pomodoro est une technique de gestion du temps qui consiste à travailler pendant 25 minutes, suivies de 5 minutes de pause. Ce rythme aide les hypersensibles à maintenir leur concentration tout en leur offrant des moments de récupération. Les pauses régulières préviennent la fatigue mentale et leur permettent de rester concentrés plus longtemps, en évitant le risque de surcharge cognitive.

Aménager Son Espace de Travail en Fonction des Tâches

Pour les hypersensibles, adapter l'environnement de travail en fonction des tâches est une stratégie efficace pour maximiser leur bien-être et leur productivité. En créant des espaces spécifiques pour différentes activités, ils peuvent mieux gérer leur énergie et rester concentrés.

1. Créer des Espaces de Réflexion et de Créativité

Pour les tâches nécessitant de la réflexion ou de la créativité, comme la planification ou le brainstorming, les hypersensibles peuvent créer un espace inspirant et stimulant. Cela peut inclure un coin avec des carnets, des stylos de couleur, et des éléments visuels inspirants. Cet espace dédié leur permet de libérer leur créativité sans être perturbés par l'environnement de travail habituel.

2. Organiser un Coin pour les Appels et les Réunions

Les appels et les réunions, qui exigent une concentration particulière et peuvent être stressants pour les hypersensibles, nécessitent un espace dédié. En utilisant un endroit spécifique pour ces interactions, ils peuvent s'immerger pleinement dans les discussions sans se sentir submergés. Si possible, un espace calme et privé leur permet de mieux gérer les échanges et de réduire la fatigue mentale liée aux interactions sociales.

3. Établir un Espace pour les Pauses et la Détente

Un coin réservé aux pauses et à la détente est essentiel pour les hypersensibles, qui ont besoin de moments de récupération. Cet espace peut inclure des éléments relaxants, comme des coussins, un fauteuil confortable, ou une lampe douce. Les pauses fréquentes dans un espace dédié permettent aux hypersensibles de se ressourcer et de retrouver leur énergie avant de reprendre leurs tâches.

Instaurer des Routines pour Améliorer la Productivité et le Bien-être

Les routines offrent aux hypersensibles un cadre rassurant et prévisible, qui les aide à mieux gérer leur emploi du temps et à rester concentrés. En instaurant des habitudes quotidiennes, ils renforcent leur bien-être et optimisent leur efficacité.

1. Commencer la Journée par un Rituel Matinal

Un rituel matinal calme et structuré permet aux hypersensibles de bien commencer leur journée et de se préparer mentalement à leurs tâches. Ce rituel peut inclure des activités comme la méditation, l'écriture, ou la lecture. En prenant le temps de se centrer dès le matin, ils abordent leur journée avec plus de sérénité et de confiance.

2. Structurer la Journée en Blocs de Temps

En structurant leur journée en blocs de temps dédiés à des activités spécifiques, les hypersensibles réduisent le stress lié à la gestion de leur emploi du temps. Par exemple, ils peuvent consacrer un bloc de temps à la création, un autre à l'analyse, et un autre aux interactions avec leurs collègues. Cette organisation leur permet de rester concentrés sur chaque type de tâche et d'éviter de se sentir dispersés.

3. Clôturer la Journée avec un Rituel de Détente

Un rituel de fin de journée aide les hypersensibles à marquer la transition entre le travail et la détente. En prenant quelques minutes pour se déconnecter mentalement du travail, ils terminent leur journée sur une note positive et se préparent à se reposer pleinement. Ce rituel peut inclure des activités de relaxation, comme la lecture, la méditation ou une promenade, qui les aident à relâcher les tensions accumulées.

Favoriser une Atmosphère de Travail Positive

Pour les hypersensibles, travailler dans un environnement positif et bienveillant est essentiel pour maintenir leur motivation et leur énergie. En participant activement à la création d'une atmosphère de travail agréable, ils contribuent à un climat de respect et de soutien mutuel.

1. Encourager les Échanges Bienveillants

Les hypersensibles peuvent influencer positivement leur environnement en promouvant la bienveillance et l'écoute au sein de leur équipe. En montrant l'exemple par leur attitude respectueuse et empathique, ils encouragent leurs collègues à adopter un comportement similaire, ce qui renforce l'entente et l'harmonie au travail.

2. Célébrer les Petites Réussites

Les petites réussites quotidiennes, bien que modestes, méritent d'être reconnues et célébrées. En valorisant leurs propres progrès et ceux de leurs collègues, les hypersensibles contribuent à créer un environnement de travail gratifiant et motivant. Cette pratique leur permet également de renforcer leur confiance en eux et de maintenir une attitude positive face aux défis.

3. Pratiquer la Gratitude pour Renforcer la Positivité

La gratitude est une pratique qui permet de se concentrer sur les aspects positifs de la vie et de renforcer le bien-être. Les hypersensibles peuvent instaurer un rituel quotidien de gratitude, en notant trois choses positives qu'ils ont vécues au travail. Cette pratique les aide à relativiser les difficultés et à cultiver une vision optimiste de leur environnement professionnel.

Conclusion du Chapitre : Créer un Environnement Propice à l'Épanouissement

Ce chapitre a mis en lumière l'importance de l'environnement de travail pour les personnes hypersensibles, ainsi que des stratégies pour en faire un espace apaisant, inspirant et productif. En aménageant leur espace de travail de manière réfléchie, en réduisant les distractions et en adoptant des routines qui favorisent leur bien-être, les hypersensibles peuvent créer un cadre dans lequel ils se sentent épanouis et performants.

Un environnement de travail adapté n'est pas seulement bénéfique pour la productivité ; il constitue également une source de motivation et de satisfaction. Les hypersensibles, en prenant soin de leur cadre de travail, montrent qu'ils sont prêts à s'investir dans leur bien-être et à s'affirmer dans leur vie professionnelle. Dans le prochain chapitre, nous aborderons comment les hypersensibles peuvent s'épanouir dans leur carrière en s'appuyant sur leurs valeurs et en choisissant des opportunités alignées avec leur sensibilité.

Chapitre 9 : S'épanouir dans sa Carrière avec l'Hypersensibilité

L'épanouissement professionnel est un objectif que beaucoup de personnes recherchent, et cela est particulièrement vrai pour les hypersensibles, qui aspirent à trouver un équilibre entre leurs valeurs personnelles et les exigences de leur carrière. Grâce à leur sensibilité accrue, les hypersensibles possèdent des qualités uniques qui, bien que parfois difficiles à gérer, peuvent aussi leur permettre de bâtir une carrière alignée avec leurs aspirations profondes. En apprenant à se connaître, à identifier des environnements de travail propices et à choisir des missions en accord avec leurs valeurs, ils peuvent transformer leur hypersensibilité en un atout pour s'épanouir dans leur vie professionnelle.

Dans ce chapitre, nous explorerons comment les hypersensibles peuvent trouver des secteurs d'activité et des métiers qui leur conviennent, développer leurs compétences uniques et bâtir un parcours professionnel qui respecte leur sensibilité.

Choisir un Environnement de Travail Aligné avec ses Valeurs

Le choix de l'environnement de travail est crucial pour les hypersensibles, car ils sont souvent influencés par le climat émotionnel de leur entourage et la culture de leur entreprise. Travailler dans un milieu qui valorise la bienveillance, le respect et l'entraide leur permet de se sentir à l'aise et de déployer leurs compétences sans se sentir sous pression.

1. Identifier ses Valeurs Personnelles et ses Motivations Profondes

Pour trouver un environnement de travail épanouissant, il est essentiel de commencer par identifier ses propres valeurs et motivations. Ces valeurs, qui reflètent ce qui est fondamental pour chaque individu, aident les hypersensibles à comprendre ce qui les inspire et les motive. Par exemple, si l'entraide et la collaboration sont des valeurs importantes, un hypersensible pourrait rechercher un environnement de travail où les relations humaines sont au cœur de l'activité, comme dans les métiers de l'accompagnement, de la santé ou de l'éducation.

2. Rechercher des Entreprises Qui Favorisent le Bien-être des Employés

Les entreprises qui valorisent le bien-être et l'épanouissement des employés sont souvent plus adaptées aux hypersensibles. Dans ces structures, les managers prennent en compte les besoins individuels, encouragent l'écoute active et créent un climat de respect. Les hypersensibles peuvent s'épanouir dans des entreprises où l'équilibre entre vie professionnelle et vie personnelle est valorisé, et où les employés sont encouragés à se former et à évoluer dans un cadre bienveillant.

3. Privilégier les Secteurs avec un Impact Social ou Éthique

Beaucoup de personnes hypersensibles se sentent particulièrement épanouies lorsqu'elles travaillent dans des secteurs ayant un impact positif sur la société, l'environnement ou la santé. Les domaines tels que le développement durable, l'éducation, la santé, ou les organisations à but non lucratif offrent des opportunités de contribuer à des causes qui résonnent avec leurs valeurs personnelles. Travailler pour un objectif qui leur tient à cœur donne aux hypersensibles un sens de satisfaction et de motivation au quotidien.

Bâtir un Parcours de Carrière Aligné avec ses Forces

En tant qu'hypersensibles, bâtir un parcours de carrière épanouissant implique de s'appuyer sur ses forces, tout en restant conscient de ses limites. En utilisant leurs compétences uniques, ils peuvent trouver leur place dans des rôles qui valorisent leur sensibilité et leur capacité à percevoir le monde de manière approfondie.

1. Mettre en Avant son Empathie et sa Capacité d'Écoute

Les hypersensibles, grâce à leur grande empathie, sont souvent d'excellents communicants et des auditeurs attentifs. Ces qualités sont particulièrement valorisées dans les métiers de l'accompagnement, de la relation client ou des ressources humaines, où le lien avec les autres est essentiel. En mettant en avant leur capacité à comprendre les besoins des autres et à créer des relations de confiance, les hypersensibles peuvent se démarquer dans ces rôles et renforcer leur satisfaction professionnelle.

2. Exploiter son Intuition et sa Créativité dans des Rôles Stratégique et Créatif

Les hypersensibles sont souvent dotés d'une forte intuition et d'une créativité développée. Ces compétences leur permettent de comprendre les tendances et de proposer des idées innovantes. Ils peuvent s'épanouir dans des rôles où leur sensibilité à l'innovation est un atout, comme le marketing, le design, ou la communication. En utilisant leur intuition pour anticiper les besoins ou les attentes de leur public, ils ajoutent une touche personnelle et inspirante à leur travail.

3. Développer des Compétences Techniques pour Renforcer sa Confiance

Pour réussir dans leur parcours de carrière, les hypersensibles peuvent également tirer parti du développement de compétences techniques qui renforcent leur confiance en eux et leur capacité à s'affirmer. Par exemple, acquérir des compétences en gestion de projet, en analyse de données ou en négociation peut aider les hypersensibles à aborder leur travail de manière structurée et à mieux gérer leurs responsabilités. Ces compétences renforcent leur confiance et leur autonomie, en complément de leurs talents naturels.

Développer sa Résilience et Apprendre à Gérer le Stress

Dans le cadre de leur carrière, les hypersensibles peuvent rencontrer des situations stressantes et des défis. Cependant, en développant leur résilience, ils peuvent apprendre à surmonter ces difficultés tout en restant en accord avec eux-mêmes. La résilience est la capacité à rebondir après des situations difficiles, et elle peut être cultivée par des pratiques simples mais efficaces.

1. Pratiquer l'Auto-compassion et le Lâcher-prise

Pour les hypersensibles, l'auto-compassion est une compétence clé qui les aide à se traiter avec bienveillance lorsqu'ils rencontrent des difficultés. En pratiquant l'auto-compassion, ils apprennent à accepter leurs erreurs et leurs échecs sans jugement, ce qui leur permet de se relever plus facilement après une expérience décevante. Le lâcher-prise est également essentiel pour les hypersensibles, car il leur permet de se détacher des résultats et de rester concentrés sur le processus plutôt que sur la perfection.

2. Fixer des Objectifs Réalistes et Atteignables

Les hypersensibles peuvent parfois être tentés de fixer des objectifs ambitieux, ce qui peut entraîner du stress et de la frustration. En fixant des objectifs réalistes et atteignables, ils s'assurent de progresser de manière équilibrée, sans se sentir accablés. Par exemple, au lieu de viser une perfection irréaliste, ils peuvent se concentrer sur l'amélioration progressive de leurs compétences et célébrer chaque étape franchie.

3. Utiliser des Techniques de Gestion du Stress au Quotidien

Pour faire face aux périodes de stress, les hypersensibles peuvent bénéficier de techniques de gestion du stress, comme la respiration profonde, la méditation ou l'exercice physique. En intégrant ces pratiques dans leur routine quotidienne, ils sont mieux préparés à gérer les pressions du travail et à rester calmes face aux défis. Ces techniques de gestion du stress leur permettent de rester ancrés et de préserver leur bien-être même dans les situations professionnelles exigeantes.

Trouver un Équilibre entre Vie Professionnelle et Vie Personnelle

L'équilibre entre vie professionnelle et vie personnelle est essentiel pour les hypersensibles, qui peuvent rapidement ressentir les effets d'une surcharge de travail. En apprenant à préserver cet équilibre, ils peuvent maintenir un niveau d'énergie stable et éviter l'épuisement.

1. Définir des Limites Claires entre le Travail et le Temps Personnel

Les hypersensibles peuvent être tentés de prolonger leurs heures de travail, notamment lorsqu'ils sont passionnés par ce qu'ils font. Cependant, il est crucial de définir des limites claires entre le travail et la vie personnelle pour éviter l'épuisement. Par exemple, ils peuvent s'imposer des horaires fixes et se déconnecter des e-mails professionnels en dehors des heures de travail.

2. Prendre du Temps pour des Activités Ressourçantes

Les activités ressourçantes, comme la lecture, les loisirs créatifs ou le sport, sont essentielles pour les hypersensibles, car elles leur permettent de se détendre et de recharger leurs batteries. En s'accordant du temps pour ces activités, ils préservent leur énergie et leur bien-être, ce qui les aide à rester concentrés et motivés dans leur vie professionnelle.

3. Apprendre à Dire Non pour Préserver Son Équilibre

Les hypersensibles, en raison de leur empathie, peuvent parfois avoir du mal à dire non aux demandes de leurs collègues ou de leurs supérieurs. Pourtant, apprendre à dire non de manière bienveillante est essentiel pour préserver leur équilibre. En établissant des limites claires et en refusant les tâches supplémentaires qui pourraient les surcharger, ils montrent qu'ils respectent leurs propres besoins tout en restant engagés dans leur travail.

S'épanouir en Choisissant des Projets Alignés avec ses Aspirations

Pour les hypersensibles, choisir des projets qui correspondent à leurs valeurs et à leurs aspirations est essentiel pour se sentir épanouis et accomplis dans leur carrière. Travailler sur des missions qui ont du sens et qui leur permettent de contribuer à quelque chose de plus grand les aide à maintenir leur motivation et leur engagement.

1. Identifier les Types de Projets Qui Résonnent avec ses Valeurs

En réfléchissant aux projets qui résonnent avec leurs valeurs, les hypersensibles peuvent mieux orienter leur carrière vers des activités qui leur apportent de la satisfaction. Par exemple, s'ils sont passionnés par l'environnement, ils pourraient chercher des projets liés au développement durable. Cette approche leur permet de se sentir utiles et de s'engager pleinement dans leur travail.

2. Prendre des Initiatives pour Créer des Opportunités Alignées

Les hypersensibles peuvent également prendre des initiatives pour créer leurs propres opportunités. En proposant des idées de projets qui leur tiennent à cœur ou en demandant des responsabilités supplémentaires dans leur domaine de prédilection, ils montrent leur engagement et leur passion. Cette prise d'initiative est souvent bien accueillie et peut les aider à se distinguer tout en leur permettant de s'épanouir dans leur travail.

3. Se Donner les Moyens de Réaliser ses Ambitions

Enfin, s'épanouir dans sa carrière nécessite parfois de se donner les moyens de réaliser ses ambitions. Pour les hypersensibles, cela peut impliquer d'acquérir de nouvelles compétences, de suivre des formations ou de chercher des mentors inspirants. En investissant dans leur propre développement, ils se rapprochent de leurs objectifs et augmentent leur sentiment de satisfaction et d'accomplissement.

Conclusion du Chapitre : Bâtir une Carrière Qui Respecte sa Sensibilité

Ce chapitre a exploré les moyens pour les hypersensibles de s'épanouir dans leur carrière en choisissant des environnements, des missions et des projets en accord avec leurs valeurs et leurs aspirations. En prenant le temps de comprendre leurs propres motivations, en se fixant des objectifs réalistes et en veillant à maintenir un équilibre entre vie professionnelle et vie personnelle, les hypersensibles peuvent bâtir un parcours professionnel qui respecte leur sensibilité et favorise leur bien-être.

L'épanouissement professionnel n'est pas une finalité en soi, mais un cheminement qui se construit au fil du temps, à travers des choix conscients et des efforts pour rester fidèle à soi-même. En s'appuyant sur leurs forces uniques, en cultivant leur résilience et en privilégiant les environnements qui leur sont favorables, les hypersensibles peuvent réussir et s'accomplir pleinement dans leur carrière.

Dans le prochain chapitre, nous aborderons le leadership et la manière dont les hypersensibles peuvent développer des compétences de leader tout en restant authentiques. Nous explorerons les stratégies pour inspirer et motiver les autres, en mettant en avant une approche de leadership bienveillante et empathique.

Chapitre 10 : Développer des Compétences de Leadership en tant qu'Hypersensible

Les compétences de leadership sont souvent associées à des qualités comme la confiance en soi, l'assurance et la prise de décision rapide. Cependant, pour les personnes hypersensibles, le leadership peut prendre une forme différente, basée sur des qualités de bienveillance, d'empathie et de compréhension profonde des autres. En s'appuyant sur leurs compétences uniques, les hypersensibles peuvent développer une approche de leadership authentique et inspirante, qui leur permet de motiver et de guider les autres tout en restant fidèles à eux-mêmes.

Dans ce chapitre, nous explorerons les compétences essentielles pour être un leader hypersensible, les stratégies pour inspirer et motiver une équipe, ainsi que des techniques pour gérer les défis et les responsabilités du leadership sans sacrifier son bien-être.

Redéfinir le Leadership : Vers un Modèle Bienveillant et Empathique

Pour les hypersensibles, le leadership peut être abordé comme un service envers les autres, dans lequel l'objectif est de créer un environnement positif et collaboratif. Plutôt que de chercher à imposer des décisions, les leaders hypersensibles se concentrent sur l'écoute, la compréhension des besoins de leur équipe et la valorisation des forces individuelles. Ce style de leadership bienveillant permet de bâtir des relations solides et de favoriser un climat de confiance et d'entraide.

1. Valoriser l'Authenticité et la Transparence

Les hypersensibles sont souvent en quête de sincérité et d'authenticité dans leurs relations. En tant que leaders, ils peuvent mettre en avant ces valeurs en communiquant de manière honnête et transparente avec leur équipe. Par exemple, ils peuvent partager leurs motivations, leurs objectifs et même leurs doutes, ce qui crée un lien de confiance avec leurs collaborateurs. En étant authentiques, les leaders hypersensibles inspirent leur équipe à être eux-mêmes, ce qui favorise une culture d'acceptation et de respect mutuel.

2. Pratiquer un Leadership Serviteur

Le leadership serviteur est une approche qui consiste à placer les besoins des autres au centre des priorités, en s'assurant que chaque membre de l'équipe dispose des ressources nécessaires pour atteindre ses objectifs. Pour les hypersensibles, cette approche est particulièrement adaptée, car elle leur permet d'utiliser leur empathie et leur bienveillance pour soutenir leurs collaborateurs. Un leader hypersensible peut, par exemple, prendre le temps de comprendre les aspirations et les défis de chaque membre de l'équipe, et offrir un soutien personnalisé.

3. Cultiver l'Humilité et la Remise en Question

Les leaders hypersensibles se distinguent souvent par leur humilité et leur capacité à se remettre en question. Plutôt que de se poser en experts infaillibles, ils acceptent d'apprendre de leurs erreurs et d'écouter les idées de leurs collègues. Cette attitude d'humilité renforce le respect au sein de l'équipe et encourage les autres à exprimer leurs opinions sans crainte. En acceptant leurs limites, les leaders hypersensibles créent un environnement d'apprentissage où chacun se sent valorisé et soutenu.

Développer des Compétences de Communication pour un Leadership Efficace

La communication est au cœur d'un leadership réussi, et pour les hypersensibles, cela signifie utiliser leur sensibilité pour communiquer avec clarté, bienveillance et respect. En développant des compétences de communication adaptées, ils peuvent transmettre leurs idées de manière inspirante et établir des relations solides avec leur équipe.

1. Pratiquer l'Écoute Empathique

L'écoute empathique est une compétence essentielle pour les leaders hypersensibles, car elle leur permet de comprendre pleinement les préoccupations, les idées et les émotions de leurs collaborateurs. En prenant le temps d'écouter attentivement et de poser des questions ouvertes, ils montrent à leur équipe qu'ils sont attentifs à leurs besoins. Cette approche renforce la cohésion et la confiance, car chaque membre de l'équipe se sent compris et soutenu.

2. Communiquer les Objectifs de Manière Inspirante

Les leaders hypersensibles peuvent utiliser leur sensibilité pour motiver leur équipe en communiquant les objectifs de manière inspirante et motivante. Plutôt que de se concentrer uniquement sur les résultats, ils peuvent expliquer la vision, les valeurs et l'impact positif du projet sur l'équipe ou sur la société. En donnant du sens au travail de leurs collaborateurs, ils suscitent un engagement sincère et renforcent la motivation de chacun.

3. Donner un Feedback Constructif avec Bienveillance

Pour un leader hypersensible, donner des retours peut être un exercice délicat, car il s'agit de faire preuve de franchise tout en préservant l'estime de soi de leurs collaborateurs. En formulant le feedback de manière constructive et bienveillante, les leaders hypersensibles peuvent guider leur équipe vers l'amélioration sans créer de tensions. Par exemple, en mettant en avant les aspects positifs avant de suggérer des améliorations, ils encouragent leurs collaborateurs à voir le feedback comme une opportunité de croissance.

Inspirer et Motiver son Équipe grâce à l'Empathie et l'Encouragement

Les leaders hypersensibles ont la capacité d'inspirer et de motiver leur équipe de manière unique, en s'appuyant sur leur empathie et leur compréhension des besoins émotionnels de chacun. En valorisant les qualités individuelles de leurs collaborateurs, ils créent un environnement de travail motivant où chacun se sent soutenu et encouragé.

1. Reconnaître et Valoriser les Forces de Chacun

Les hypersensibles possèdent une aptitude naturelle à percevoir les qualités uniques de leurs collaborateurs. En prenant le temps de reconnaître les forces et les talents de chaque membre de l'équipe, ils montrent leur appréciation et renforcent la confiance de chacun. Par exemple, un leader hypersensible pourrait prendre un moment pour exprimer sa reconnaissance envers un collègue pour sa créativité ou son sens de l'organisation. Cette reconnaissance sincère motive les collaborateurs et les incite à donner le meilleur d'eux-mêmes.

2. Encourager l'Autonomie et la Prise d'Initiative

Les leaders hypersensibles, en raison de leur nature attentive, peuvent parfois être tentés de veiller à chaque détail. Cependant, encourager l'autonomie est essentiel pour renforcer la confiance et la motivation au sein de l'équipe. En laissant de l'espace à leurs collaborateurs pour prendre des initiatives et exprimer leurs idées, les leaders hypersensibles favorisent l'innovation et la créativité. Ils peuvent encourager l'autonomie en fixant des objectifs clairs tout en offrant un soutien discret et en permettant à chacun de trouver ses propres solutions.

3. Soutenir Émotionnellement son Équipe en Période de Stress

Lors de périodes de stress ou de changement, les leaders hypersensibles peuvent jouer un rôle crucial en apportant un soutien émotionnel à leur équipe. En étant attentifs aux signes de fatigue ou de stress, ils sont en mesure de proposer des solutions pour alléger la charge de travail ou encourager des moments de détente. Leur empathie naturelle leur permet de comprendre les besoins émotionnels de leur équipe, et ils peuvent ainsi créer un espace où chacun se sent en sécurité pour exprimer ses préoccupations.

Gérer les Défis du Leadership en tant qu'Hypersensible

Bien que le leadership puisse être gratifiant, il comporte également des défis, surtout pour les hypersensibles qui peuvent ressentir la pression et les responsabilités de manière intense. Apprendre à gérer ces défis est essentiel pour préserver leur bien-être tout en continuant à mener leur équipe avec bienveillance et efficacité.

1. Apprendre à Poser des Limites pour Préserver son Énergie

Les leaders hypersensibles, souvent enclins à s'investir pleinement dans leur travail, doivent apprendre à poser des limites pour éviter l'épuisement. Cela peut signifier déléguer certaines responsabilités, définir des horaires de travail raisonnables et éviter de s'engager dans trop de projets simultanément. En posant des limites claires, ils protègent leur énergie et maintiennent leur équilibre, ce qui leur permet d'être présents pour leur équipe sur le long terme.

2. Gérer le Stress par des Techniques de Relaxation

Le leadership implique parfois des situations de stress intense, comme des délais serrés ou des décisions difficiles à prendre. Pour les hypersensibles, il est important de pratiquer des techniques de relaxation, comme la respiration profonde ou la pleine conscience, afin de rester calmes et lucides. Ces pratiques les aident à gérer le stress de manière saine et à éviter de se laisser submerger par les émotions, ce qui leur permet de prendre des décisions réfléchies.

3. Trouver des Soutiens et des Mentors Inspirants

Les hypersensibles peuvent bénéficier de l'accompagnement de mentors ou de collègues de confiance qui comprennent leurs besoins et leur offrent des conseils constructifs. En s'entourant de personnes bienveillantes et inspirantes, ils trouvent un soutien précieux pour surmonter les défis du leadership. Ces relations leur apportent une perspective extérieure, et les encouragent à poursuivre leur parcours de manière authentique.

4. Prendre du Temps pour le Développement Personnel

Pour continuer à grandir en tant que leader, les hypersensibles doivent investir dans leur développement personnel. Suivre des formations, lire des ouvrages sur le leadership empathique ou participer à des ateliers de développement personnel sont des moyens de renforcer leurs compétences et d'élargir leur vision. Ce travail personnel leur permet de mieux se connaître, d'identifier leurs points forts et de cultiver leur résilience.

Construire une Culture de Travail Positif et Inclusif

Les leaders hypersensibles sont particulièrement bien placés pour créer une culture de travail inclusive, où chaque membre de l'équipe se sent valorisé et respecté. En instaurant un climat de bienveillance et de coopération, ils permettent à chacun de s'épanouir et de donner le meilleur de soi-même.

1. Favoriser la Diversité et l'Inclusion dans l'Équipe

Les hypersensibles, en raison de leur sensibilité aux différences individuelles, sont souvent des champions de la diversité et de l'inclusion. En valorisant la diversité des points de vue et des expériences, ils créent un environnement où chaque collaborateur se sent accepté tel qu'il est. Par exemple, ils peuvent encourager leurs équipes à partager leurs idées sans crainte de jugement, ce qui renforce la créativité et la cohésion.

2. Instaurer un Climat de Confiance et de Bienveillance

Pour instaurer un climat de confiance, les leaders hypersensibles doivent être accessibles et disponibles pour leur équipe. En adoptant une approche d'ouverture et de bienveillance, ils permettent à leurs collaborateurs de se sentir en sécurité et de s'exprimer librement. La transparence et la communication régulière sont également des éléments clés pour créer un climat où chacun se sent inclus et respecté.

3. Encourager la Collaboration et l'Entraide

Les leaders hypersensibles valorisent souvent la collaboration et l'entraide au sein de leurs équipes. En promouvant le travail d'équipe et en encourageant les membres à s'entraider, ils créent une dynamique de groupe où chacun est prêt à soutenir ses collègues. Les projets collaboratifs et les réunions de partage d'idées sont autant d'occasions pour renforcer la solidarité et l'esprit de groupe.

Conclusion du Chapitre : Vers un Leadership Authentique et Épanouissant

Ce chapitre a exploré la manière dont les hypersensibles peuvent développer des compétences de leadership en s'appuyant sur leur empathie, leur bienveillance et leur sensibilité. En adoptant un style de leadership authentique, basé sur l'écoute et le respect, ils inspirent leur équipe tout en créant un environnement de travail positif et inclusif. Les défis du leadership, bien qu'intenses, sont également une opportunité pour les hypersensibles de grandir, de renforcer leur résilience et de se dépasser.

En cultivant une communication ouverte, en posant des limites claires et en valorisant les forces de chaque membre de l'équipe, les leaders hypersensibles bâtissent des relations solides et favorisent un climat de confiance. Le leadership, loin d'être réservé à un certain type de personnalité, est un cheminement qui permet aux hypersensibles de s'affirmer et de s'épanouir, tout en inspirant les autres.

Dans le prochain chapitre, nous aborderons comment les hypersensibles peuvent utiliser leurs compétences uniques pour influencer positivement leur environnement de travail, qu'ils soient ou non dans une position de leadership formel. Nous explorerons des stratégies pour faire entendre leur voix et participer activement aux décisions, en contribuant à des changements positifs au sein de leur organisation.

Chapitre 11 : Influencer Positivement son Environnement de Travail

Les personnes hypersensibles, même sans occuper un poste de leadership formel, ont le potentiel d'influencer positivement leur environnement de travail. Grâce à leur sensibilité, leur empathie et leur capacité d'écoute, elles apportent souvent une perspective unique qui peut améliorer le bien-être et la collaboration au sein de leur équipe. En apprenant à utiliser leurs compétences pour communiquer, inspirer et instaurer un climat de respect, les hypersensibles peuvent avoir un impact significatif, favorisant ainsi un environnement de travail plus inclusif et harmonieux.

Dans ce chapitre, nous aborderons des stratégies concrètes pour permettre aux hypersensibles de faire entendre leur voix, d'encourager la coopération et de contribuer à un changement positif dans leur organisation.

Renforcer l'Impact par une Communication Assertive et Bienveillante

L'une des clés pour influencer son environnement de travail est de savoir s'exprimer de manière claire et assertive. Les hypersensibles, qui peuvent parfois hésiter à partager leurs idées, peuvent néanmoins développer une communication bienveillante et convaincante pour faire passer leurs messages.

1. Utiliser le Langage Positif et Constructif

Les hypersensibles peuvent renforcer leur impact en utilisant un langage positif et constructif lorsqu'ils expriment leurs idées ou donnent leur avis. En évitant les critiques et en formulant des suggestions de manière bienveillante, ils montrent qu'ils sont là pour améliorer l'environnement de travail, et non pour critiquer. Par exemple, au lieu de dire « Ce processus est inefficace », ils peuvent reformuler en « Je pense qu'on pourrait gagner en efficacité en ajoutant... ». Cette approche encourage la réceptivité et montre leur intention d'apporter une contribution positive.

2. Exprimer ses Idées avec Assurance

Pour les hypersensibles, développer l'assurance dans leur communication est essentiel pour faire entendre leur voix. Ils peuvent s'entraîner à exprimer leurs idées avec confiance en se concentrant sur les faits et en utilisant des exemples concrets pour appuyer leurs propos. Par exemple, au lieu de simplement suggérer une idée, ils peuvent donner un exemple concret de son impact potentiel, ce qui rend leur suggestion plus convaincante. Cette approche permet à leurs collègues de voir la valeur de leurs idées et de les considérer avec sérieux.

3. Pratiquer l'Art de la Reformulation

La reformulation est une technique de communication puissante, qui consiste à répéter ou reformuler les propos d'une personne pour s'assurer d'avoir bien compris. Les hypersensibles, qui ont une capacité d'écoute élevée, peuvent utiliser la reformulation pour montrer à leurs collègues qu'ils sont attentifs et engagés dans la conversation. Par exemple, en disant « Si je comprends bien, tu proposes... », ils renforcent la compréhension mutuelle et démontrent leur respect pour les idées des autres.

Favoriser un Climat de Bienveillance et de Respect

Les hypersensibles, grâce à leur empathie, sont naturellement enclins à instaurer un climat de bienveillance autour d'eux. En encourageant les comportements positifs et en montrant l'exemple, ils contribuent à créer un environnement de travail où chacun se sent valorisé et respecté.

1. Montrer l'Exemple par le Respect et la Politesse

Les hypersensibles peuvent influencer leur environnement en adoptant une attitude respectueuse et polie, quelles que soient les situations. En saluant leurs collègues, en étant ponctuels et en montrant de l'intérêt pour les idées des autres, ils créent un climat de respect mutuel. Ces gestes simples montrent leur engagement pour une ambiance de travail positive et inspirent leurs collègues à faire de même.

2. Promouvoir les Attitudes Positives en Équipe

Les attitudes positives, comme l'entraide et l'encouragement, ont un impact significatif sur le bien-être de l'équipe. Les hypersensibles, qui sont sensibles aux émotions des autres, peuvent encourager leurs collègues en valorisant leurs réussites et en offrant un soutien moral. Par exemple, ils peuvent prendre le temps de féliciter un collègue pour un travail bien fait ou d'encourager une idée innovante. Ces petits gestes renforcent la motivation et créent un climat de travail plus harmonieux.

3. Créer des Opportunités de Dialogue

Pour renforcer la communication et l'inclusion, les hypersensibles peuvent proposer des moments d'échange, comme des réunions de partage d'idées ou des discussions informelles. En offrant un espace où chacun peut s'exprimer, ils contribuent à instaurer un climat de dialogue ouvert. Ces moments d'échange permettent à l'équipe de mieux se comprendre et de trouver des solutions ensemble, ce qui renforce la cohésion et l'entente.

Encourager la Collaboration et l'Esprit d'Équipe

Les hypersensibles, grâce à leur nature empathique, ont la capacité de renforcer la collaboration au sein de leur équipe. En favorisant un esprit d'entraide et de coopération, ils contribuent à créer un environnement de travail où chacun se sent soutenu et où les efforts communs sont valorisés.

1. Organiser des Moments de Partage d'Idées

Les hypersensibles peuvent proposer des moments réguliers où chacun peut partager ses idées et ses suggestions. Par exemple, ils peuvent organiser des réunions d'équipe dédiées aux échanges créatifs ou proposer des sessions de brainstorming. Ces moments favorisent la libre expression et permettent à chaque membre de l'équipe de se sentir entendu. Les hypersensibles, en montrant leur intérêt pour les idées des autres, contribuent à instaurer un climat où la collaboration est valorisée.

2. Encourager l'Entraide dans les Projets

Lorsqu'un collègue rencontre une difficulté, les hypersensibles peuvent proposer leur aide ou encourager les autres membres de l'équipe à se soutenir mutuellement. Par exemple, en proposant des sessions de travail collaboratif ou en organisant des binômes pour échanger des compétences, ils montrent l'importance de l'entraide. Ce soutien mutuel renforce les liens entre les collègues et crée un environnement de travail plus solidaire.

3. Valoriser les Contributions de Chacun

Les hypersensibles peuvent également contribuer à l'esprit d'équipe en valorisant les contributions individuelles. En prenant le temps de reconnaître les efforts de leurs collègues, ils montrent leur appréciation pour le travail de chacun et renforcent la motivation collective. Un simple « bravo » ou un remerciement sincère peut avoir un impact significatif sur le moral et l'engagement des autres.

Faire Preuve d'Initiative pour Améliorer les Conditions de Travail

Les hypersensibles, qui perçoivent souvent les besoins des autres, peuvent jouer un rôle actif dans l'amélioration des conditions de travail. En prenant des initiatives pour proposer des changements positifs, ils montrent leur engagement pour le bien-être de leur équipe et participent à l'instauration d'un cadre de travail plus épanouissant.

1. Proposer des Améliorations de l'Espace de Travail

Les hypersensibles, qui sont souvent sensibles à l'ambiance et à l'organisation de l'espace, peuvent suggérer des améliorations pour rendre le lieu de travail plus agréable. Par exemple, ils peuvent proposer l'ajout de plantes, l'installation d'une zone de détente ou l'organisation de l'espace de manière plus fonctionnelle. Ces ajustements contribuent au bien-être de l'équipe et montrent leur attention aux détails qui influencent l'ambiance au travail.

2. Instaurer des Pratiques Favorables au Bien-être

Pour réduire le stress et favoriser la santé mentale, les hypersensibles peuvent proposer des pratiques favorables au bien-être, comme des pauses régulières, des sessions de méditation ou des activités de relaxation. En proposant des moments de détente ou en organisant des événements pour se déconnecter du travail, ils créent des opportunités pour que chacun prenne soin de soi et évite l'épuisement.

3. Créer des Espaces de Dialogue pour les Retours et les Améliorations

Les hypersensibles peuvent encourager la culture du feedback en proposant des moments réguliers pour partager des retours et des suggestions. En instaurant ces espaces de dialogue, ils montrent l'importance de l'amélioration continue et de l'écoute des besoins de chacun. Les retours constructifs permettent à l'équipe de s'ajuster en fonction des besoins de chacun, et de trouver des solutions pour optimiser les conditions de travail.

Contribuer à la Résolution des Conflits de Manière Constructive

Les conflits sont inévitables dans tout environnement de travail, mais les hypersensibles, grâce à leur empathie, peuvent jouer un rôle précieux dans la résolution de ces situations. En adoptant une approche apaisante et en encourageant le dialogue, ils contribuent à transformer les conflits en opportunités de compréhension et de croissance pour l'équipe.

1. Rester Neutre et Écouter les Points de Vue des Deux Parties

Les hypersensibles, en raison de leur capacité à se mettre à la place des autres, sont souvent bien placés pour jouer le rôle de médiateur lors de conflits. En écoutant attentivement les points de vue de chaque partie et en restant neutres, ils créent un espace où chacun peut exprimer ses préoccupations sans se sentir jugé. Cette écoute active aide à calmer les tensions et permet de mieux comprendre les causes profondes du conflit.

2. Encourager les Solutions Collaboratives

Plutôt que de chercher à imposer une solution, les hypersensibles peuvent encourager les parties à travailler ensemble pour trouver une issue qui satisfasse tout le monde. Par exemple, ils peuvent poser des questions ouvertes comme « Comment pouvons-nous faire en sorte que tout le monde se sente respecté ? ». En invitant les personnes concernées à participer activement à la résolution, ils renforcent l'engagement et le respect mutuel.

3. Utiliser la Communication Non Violente pour Apaiser les Tensions

La communication non violente (CNV) est une technique précieuse pour les hypersensibles lorsqu'il s'agit de résoudre des conflits. En encourageant les personnes impliquées à exprimer leurs besoins de manière claire et bienveillante, ils contribuent à réduire les tensions. Par exemple, ils peuvent reformuler les propos de manière neutre pour éviter les malentendus, ce qui favorise une résolution pacifique et constructive.

Conclusion du Chapitre : Devenir un Acteur Positif au Sein de son Organisation

Ce chapitre a mis en lumière les diverses manières par lesquelles les hypersensibles peuvent influencer positivement leur environnement de travail, même sans occuper une position de leadership formelle. En adoptant une communication assertive, en favorisant la collaboration et en participant activement à l'amélioration des conditions de travail, ils deviennent des acteurs clés de leur équipe et contribuent à instaurer un climat de bienveillance et de respect.

Les hypersensibles, grâce à leur empathie et leur sensibilité, apportent une perspective unique qui enrichit leur organisation. En mettant en avant leurs compétences relationnelles, en encourageant l'entraide et en jouant un rôle apaisant lors des conflits, ils participent activement à la création d'un environnement de travail où chacun se sent valorisé et écouté. Dans le prochain chapitre, nous aborderons des techniques pour les hypersensibles afin de cultiver la résilience émotionnelle, essentielle pour faire face aux défis et rester motivés sur le long terme.

Chapitre 12 : Cultiver la Résilience Émotionnelle

Pour les hypersensibles, la résilience émotionnelle est une compétence essentielle pour naviguer dans le monde du travail. Elle permet de surmonter les défis, de rester motivé et de préserver son bien-être malgré les pressions et les émotions intenses. Cultiver la résilience ne signifie pas se fermer aux émotions, mais plutôt apprendre à les gérer de manière saine et constructive. En développant leur résilience émotionnelle, les hypersensibles peuvent non seulement mieux faire face aux situations difficiles, mais aussi renforcer leur confiance en eux et se sentir plus épanouis dans leur vie professionnelle.

Dans ce chapitre, nous explorerons des stratégies pour renforcer la résilience émotionnelle, telles que la gestion du stress, le développement de l'auto-compassion et l'adoption de techniques d'adaptation. Ces pratiques aideront les hypersensibles à transformer leurs émotions en forces et à conserver un état d'esprit positif face aux défis.

Comprendre la Résilience Émotionnelle et ses Composantes

La résilience émotionnelle est la capacité à rebondir après des situations stressantes ou émotionnellement éprouvantes. Elle repose sur plusieurs composantes, dont la gestion des émotions, l'optimisme réaliste, la capacité à voir les défis comme des opportunités d'apprentissage et le maintien d'un réseau de soutien.

1. La Gestion des Émotions

Pour les hypersensibles, apprendre à gérer leurs émotions est essentiel pour ne pas se laisser submerger par le stress ou les inquiétudes. La gestion des émotions consiste à reconnaître et accepter ses sentiments sans les refouler. Cela permet de mieux comprendre ses réactions et de trouver des moyens de répondre aux situations difficiles de manière constructive.

2. L'Optimisme Réaliste

L'optimisme réaliste aide à voir les choses sous un angle positif, tout en restant ancré dans la réalité. Pour les hypersensibles, cette attitude consiste à reconnaître les difficultés tout en cherchant des aspects constructifs dans chaque situation. En adoptant cette perspective, ils peuvent garder espoir sans minimiser leurs émotions, ce qui les aide à surmonter les défis avec plus de sérénité.

3. L'Adaptation Cognitive

L'adaptation cognitive est une stratégie qui consiste à ajuster sa manière de penser pour mieux faire face aux événements. Pour les hypersensibles, cela implique de modifier les pensées négatives ou les croyances limitantes qui peuvent aggraver le stress. Par exemple, au lieu de se dire « Je ne vais pas y arriver », ils peuvent adopter une pensée plus nuancée comme « Ce défi est difficile, mais je peux apprendre et m'améliorer ».

4. Le Soutien Social

Le soutien social est crucial pour renforcer la résilience émotionnelle. Les hypersensibles, qui attachent beaucoup d'importance aux relations humaines, peuvent tirer un grand réconfort de leurs liens sociaux. En partageant leurs expériences et en recevant le soutien de personnes bienveillantes, ils se sentent moins seuls face aux difficultés et peuvent retrouver leur motivation plus facilement.

Pratiquer l'Auto-compassion pour Renforcer la Résilience

L'auto-compassion est une compétence puissante pour les hypersensibles, car elle leur permet de se traiter avec bienveillance, surtout lors de moments difficiles. Elle consiste à reconnaître ses émotions sans jugement et à s'offrir le même soutien que l'on offrirait à un ami.

1. Accepter ses Émotions sans Jugement

Les hypersensibles ressentent souvent des émotions intenses, mais il est essentiel de les accepter sans jugement. L'auto-compassion implique de reconnaître ses sentiments, même les plus difficiles, comme étant naturels et légitimes. En prenant conscience de leurs émotions sans les juger, ils se donnent la permission de les ressentir pleinement, ce qui réduit le stress et leur permet de retrouver leur équilibre plus rapidement.

2. Se Parler avec Bienveillance

Lorsque les choses deviennent difficiles, les hypersensibles peuvent apprendre à se parler avec bienveillance plutôt que de se critiquer. Par exemple, au lieu de se dire « Je n'ai pas été assez performant », ils peuvent reformuler en « J'ai fait de mon mieux dans les circonstances, et je peux apprendre de cette expérience ». Ce discours bienveillant réduit l'autocritique et renforce la confiance en soi, ce qui est essentiel pour se relever après un échec.

3. Pratiquer la Pleine Conscience pour Rester Présent

La pleine conscience est un outil précieux pour les hypersensibles, car elle leur permet de se recentrer sur le moment présent et de ne pas se laisser emporter par des pensées anxieuses. En pratiquant la pleine conscience, ils apprennent à observer leurs émotions et leurs pensées sans s'y attacher. Cette approche leur donne plus de contrôle sur leurs réactions et leur permet de cultiver un état d'esprit apaisé, même dans les moments de stress.

Développer des Stratégies pour Gérer le Stress au Quotidien

Pour les hypersensibles, la gestion du stress au quotidien est une compétence essentielle pour renforcer leur résilience émotionnelle. En adoptant des techniques simples mais efficaces, ils peuvent apprendre à mieux gérer leurs émotions et à prévenir l'épuisement.

1. La Respiration Profonde pour Apaiser le Système Nerveux

La respiration profonde est une technique puissante pour calmer le corps et l'esprit. En prenant quelques minutes pour respirer profondément et lentement, les hypersensibles peuvent apaiser leur système nerveux et réduire le stress instantanément. Par exemple, ils peuvent pratiquer la technique de la « respiration en carré » : inspirer pendant quatre secondes, retenir la respiration pendant quatre secondes, expirer pendant quatre secondes, puis faire une pause de quatre secondes avant de recommencer. Cette technique leur permet de se recentrer en quelques instants.

2. Intégrer des Pauses de Récupération au Cours de la Journée

Les hypersensibles, en raison de leur réceptivité accrue, peuvent facilement ressentir de la fatigue mentale et émotionnelle. Pour prévenir l'épuisement, il est important d'intégrer des pauses régulières dans leur journée de travail. Ces moments de récupération peuvent inclure une courte promenade, des étirements ou même un simple moment de silence pour se déconnecter. En prenant des pauses de récupération, ils permettent à leur esprit de se reposer et de se recharger.

3. La Visualisation Positive pour Renforcer la Motivation

La visualisation positive est une technique qui consiste à imaginer une situation souhaitée ou un résultat positif. Pour les hypersensibles, cette technique peut être un outil puissant pour renforcer leur motivation et leur confiance en eux. Par exemple, avant une présentation importante ou une tâche exigeante, ils peuvent visualiser leur succès et imaginer les étapes pour y parvenir. Cette pratique aide à réduire l'anxiété et à se préparer mentalement aux défis.

4. Planifier et Prioriser pour Réduire le Stress Organisationnel

Le stress peut parfois provenir d'une charge de travail excessive ou de tâches mal organisées. Les hypersensibles peuvent réduire ce type de stress en planifiant et en priorisant leurs tâches de manière stratégique. En utilisant des listes de priorités, des outils de gestion du temps ou des méthodes comme le « batching » (regrouper les tâches similaires), ils gagnent en clarté et en efficacité. Une bonne organisation les aide à mieux gérer leur emploi du temps et à réduire la pression liée aux échéances.

Cultiver un Réseau de Soutien Émotionnel

Les hypersensibles, qui attachent une grande importance aux relations humaines, peuvent grandement bénéficier d'un réseau de soutien émotionnel. Avoir des personnes bienveillantes sur lesquelles compter est essentiel pour renforcer leur résilience et leur offrir un espace de partage.

1. S'entourer de Personnes de Confiance

Les hypersensibles peuvent renforcer leur résilience en s'entourant de personnes bienveillantes et de confiance, qui les soutiennent et les encouragent dans les moments difficiles. En partageant leurs expériences et leurs émotions avec des personnes de confiance, ils se sentent moins seuls face aux défis. Ce réseau de soutien peut inclure des amis, des collègues ou même des mentors.

2. Rejoindre des Groupes de Soutien ou des Communautés

Rejoindre des groupes de soutien ou des communautés dédiées aux hypersensibles peut également être bénéfique. Ces groupes offrent un espace pour échanger avec des personnes qui vivent des expériences similaires, ce qui permet de se sentir compris et soutenu. Les hypersensibles peuvent partager leurs défis et leurs réussites, apprendre des autres et renforcer leur sentiment d'appartenance.

3. S'appuyer sur des Ressources Professionnelles

Parfois, il peut être utile de consulter un professionnel pour travailler sur la résilience émotionnelle. Les hypersensibles peuvent bénéficier de l'accompagnement d'un coach, d'un thérapeute ou d'un conseiller pour les aider à développer des stratégies personnalisées de gestion du stress et de renforcement de la résilience. Ce soutien professionnel leur offre des outils et des perspectives pour surmonter les défis de manière plus sereine.

Pratiquer la Gratitude pour Cultiver un État d'Esprit Positif

La gratitude est une pratique simple mais puissante pour renforcer la résilience émotionnelle, car elle permet de se concentrer sur les aspects positifs de la vie. En pratiquant régulièrement la gratitude, les hypersensibles apprennent à reconnaître les petits moments de bonheur et les réussites, même dans les périodes difficiles.

1. Tenir un Journal de Gratitude

Tenir un journal de gratitude est une manière efficace de cultiver un état d'esprit positif. Les hypersensibles peuvent noter chaque jour trois choses pour lesquelles ils sont reconnaissants, que ce soit des moments agréables, des interactions positives ou des réussites personnelles. Ce rituel quotidien les aide à voir le côté positif de leur journée et à relativiser les défis.

2. Exprimer sa Gratitude envers les Autres

Exprimer sa gratitude envers les autres est également un moyen de renforcer les liens et de créer des relations positives. Les hypersensibles peuvent prendre l'habitude de remercier sincèrement leurs collègues, amis ou proches pour leur soutien ou leur présence. Ce geste simple améliore non seulement leur état d'esprit, mais aussi celui de la personne qui reçoit cette reconnaissance.

3. Cultiver la Gratitude dans les Moments Difficiles

Même dans les moments difficiles, il est possible de cultiver la gratitude en cherchant les leçons ou les aspects positifs de la situation. Par exemple, un hypersensible confronté à un défi au travail peut se concentrer sur les compétences qu'il acquiert ou les relations qu'il renforce en surmontant cette épreuve. Cette perspective positive contribue à développer une mentalité de croissance et à renforcer la résilience.

Conclusion du Chapitre : Se Renforcer pour Mieux S'épanouir

Ce chapitre a exploré des techniques concrètes pour aider les hypersensibles à cultiver leur résilience émotionnelle et à mieux faire face aux défis de la vie professionnelle. En apprenant à gérer leurs émotions, à pratiquer l'auto-compassion et à développer un réseau de soutien, les hypersensibles deviennent mieux équipés pour surmonter les obstacles et préserver leur bien-être.

La résilience émotionnelle ne signifie pas supprimer ou éviter les émotions intenses, mais plutôt apprendre à les accueillir et à les gérer de manière constructive. En cultivant cette compétence, les hypersensibles renforcent leur capacité à rebondir après les épreuves et à maintenir un état d'esprit positif, même dans les moments difficiles.

Dans le prochain chapitre, nous aborderons comment les hypersensibles peuvent continuer à se développer personnellement et professionnellement en s'appuyant sur leur sensibilité, en poursuivant des objectifs alignés avec leurs valeurs et en cultivant un sentiment d'accomplissement dans leur carrière.

Chapitre 13 : Se Développer Personnellement et Professionnellement en tant qu'Hypersensible

Pour les personnes hypersensibles, le développement personnel et professionnel représente un cheminement qui va bien au-delà de la simple acquisition de compétences ou de l'avancement dans leur carrière. Il s'agit de cultiver une meilleure compréhension de soi, de se fixer des objectifs alignés avec ses valeurs profondes et de trouver des moyens d'exploiter sa sensibilité pour atteindre l'épanouissement et l'accomplissement. En s'engageant dans un processus de croissance, les hypersensibles peuvent se sentir davantage en phase avec eux-mêmes tout en contribuant de manière significative à leur environnement professionnel.

Dans ce chapitre, nous aborderons les pratiques et stratégies pour que les hypersensibles puissent se développer tout en respectant leur nature sensible. Nous explorerons comment définir des objectifs inspirants, cultiver des compétences adaptées et trouver un équilibre entre la progression personnelle et la satisfaction professionnelle.

Fixer des Objectifs Alignés avec ses Valeurs Personnelles

La première étape pour se développer est de se fixer des objectifs inspirants et réalistes, qui correspondent aux valeurs personnelles de chacun. Pour les hypersensibles, qui recherchent souvent un sens profond dans leur travail et leur vie, il est crucial de se poser des objectifs qui résonnent avec leurs convictions et aspirations.

1. Identifier ses Valeurs Fondamentales et ses Motivations

Les valeurs fondamentales sont des principes qui reflètent ce qui est le plus important pour soi. Pour les hypersensibles, cela peut inclure des valeurs comme la bienveillance, l'authenticité, l'entraide ou la créativité. En prenant le temps de clarifier leurs valeurs, les hypersensibles peuvent mieux orienter leurs objectifs en fonction de ce qui leur tient vraiment à cœur. Par exemple, quelqu'un qui valorise la créativité pourrait chercher à évoluer dans un domaine artistique ou innovant.

2. Définir des Objectifs à Court et Long Terme

Une fois leurs valeurs clarifiées, les hypersensibles peuvent fixer des objectifs à court et à long terme qui s'inscrivent dans cette direction. Les objectifs à court terme permettent de progresser au quotidien, tandis que les objectifs à long terme offrent une vision globale de leur parcours de développement. Par exemple, un objectif à court terme pourrait être de suivre une formation spécifique, tandis qu'un objectif à long terme pourrait consister à occuper un poste qui valorise leur sensibilité et leurs compétences relationnelles.

3. Se Poser des Questions Inspirantes

Pour définir des objectifs significatifs, il peut être utile de se poser des questions inspirantes comme « Qu'est-ce qui me motive profondément ? », « Comment puis-je utiliser ma sensibilité pour faire une différence ? » ou « Dans quel type d'environnement me sens-je pleinement épanoui ? ». Ces questions aident les hypersensibles à réfléchir à ce qu'ils veulent vraiment accomplir et à orienter leurs choix vers ce qui les rendra véritablement heureux et satisfaits.

Cultiver des Compétences qui Valorisent la Sensibilité

Pour s'épanouir dans leur vie professionnelle, les hypersensibles peuvent chercher à développer des compétences qui valorisent leur sensibilité, tout en renforçant leur capacité à gérer les défis propres à leur nature.

1. Développer ses Compétences Relationnelles

Les compétences relationnelles, telles que l'écoute active, l'empathie et la communication assertive, sont souvent des points forts pour les hypersensibles. En les cultivant davantage, ils peuvent exceller dans des rôles qui exigent des interactions humaines profondes, comme le coaching, les ressources humaines ou la gestion de projet. Par exemple, suivre des formations en communication bienveillante ou en gestion de conflits peut les aider à exploiter pleinement leur empathie et à devenir des interlocuteurs de confiance dans leur milieu de travail.

2. Renforcer ses Compétences en Gestion du Stress

La gestion du stress est une compétence essentielle pour les hypersensibles, car elle leur permet de faire face aux pressions de manière sereine et constructive. En apprenant des techniques de relaxation, comme la respiration profonde, la méditation ou la pleine conscience, ils développent leur capacité à rester calmes et à gérer leurs émotions, même dans des situations intenses. Ces compétences les aident à rester concentrés et à préserver leur énergie au quotidien.

3. Développer des Compétences Techniques et Organisationnelles

Pour accroître leur confiance en eux, les hypersensibles peuvent également se concentrer sur le développement de compétences techniques ou organisationnelles dans leur domaine. Par exemple, acquérir des compétences en gestion de projet, en planification ou en utilisation d'outils numériques peut les aider à mieux structurer leur travail et à réduire le stress lié à l'organisation. Ces compétences leur permettent de gérer leur emploi du temps de manière efficace et de faire face aux défis de manière proactive.

Adopter une Mentalité de Croissance pour Évoluer en Continu

Pour les hypersensibles, adopter une mentalité de croissance est essentiel pour se développer et faire face aux défis de manière positive. Cette mentalité consiste à voir les obstacles comme des occasions d'apprentissage, plutôt que comme des freins ou des échecs.

1. Voir les Défis comme des Opportunités d'Apprentissage

Les hypersensibles peuvent renforcer leur développement personnel en apprenant à voir les défis comme des expériences enrichissantes. Par exemple, au lieu de percevoir une tâche difficile comme une source de stress, ils peuvent se dire « Que puis-je apprendre de cette expérience ? » Cette attitude leur permet de rester ouverts aux nouvelles connaissances et d'accroître leur confiance en eux, même dans les situations exigeantes.

2. Remplacer l'Autocritique par une Réflexion Constructive

L'autocritique peut être un obstacle au développement pour les hypersensibles, qui peuvent parfois être très durs envers eux-mêmes. Adopter une réflexion constructive consiste à remplacer les pensées autocritiques par des questions positives, comme « Comment puis-je m'améliorer la prochaine fois ? » ou « Qu'est-ce qui a bien fonctionné et que je peux renforcer ? » En se concentrant sur leurs progrès, ils développent une vision plus bienveillante et encourageante de leur parcours.

3. Cultiver la Curiosité et l'Enthousiasme

La curiosité est une qualité précieuse pour favoriser le développement personnel et professionnel. Les hypersensibles peuvent s'encourager à explorer de nouvelles idées, à poser des questions et à être ouverts aux expériences variées. Par exemple, en s'intéressant à des domaines qui sortent de leur cadre habituel, ils élargissent leurs horizons et renforcent leur adaptabilité, ce qui est essentiel pour évoluer dans un environnement en constante évolution.

Construire un Équilibre entre Développement Personnel et Bien-être

Pour les hypersensibles, le développement personnel doit aller de pair avec le bien-être. En trouvant un équilibre entre la progression et la préservation de leur énergie, ils peuvent atteindre leurs objectifs tout en respectant leurs besoins.

1. Se Fixer des Objectifs Progressifs et Atteignables

Les hypersensibles peuvent parfois se fixer des objectifs ambitieux, ce qui peut générer de la pression et du stress. Il est donc essentiel de fragmenter leurs objectifs en étapes plus petites et atteignables, ce qui leur permet de progresser à leur rythme. Par exemple, s'ils souhaitent acquérir une nouvelle compétence, ils peuvent se fixer des sous-objectifs, comme consacrer une heure par semaine à une formation ou lire un article pertinent chaque jour. Cette approche progressive renforce leur motivation tout en limitant la surcharge.

2. S'accorder des Moments de Pause et de Réflexion

Pour rester équilibrés, les hypersensibles ont besoin de moments de pause pour se ressourcer et réfléchir à leurs progrès. Ils peuvent, par exemple, consacrer un moment chaque semaine pour évaluer leurs avancées, célébrer leurs réussites et ajuster leurs objectifs si nécessaire. Ce temps de réflexion les aide à maintenir leur motivation tout en leur permettant de rester alignés avec leurs valeurs et leurs priorités.

3. Éviter la Comparaison et Rester Centré sur son Propre Parcours

La comparaison avec les autres peut être une source de frustration et de découragement, surtout pour les hypersensibles. Il est essentiel qu'ils se rappellent que chacun suit un parcours unique, avec des rythmes et des objectifs différents. En restant centrés sur leurs propres progrès et en se concentrant sur ce qu'ils accomplissent, ils préservent leur bien-être et maintiennent une attitude positive envers leur évolution.

Se Former en Continu et Développer de Nouvelles Compétences

Pour se développer, les hypersensibles peuvent investir dans leur apprentissage et leur croissance en se formant régulièrement et en explorant de nouvelles compétences.

1. Participer à des Formations et des Ateliers

Les hypersensibles peuvent suivre des formations et des ateliers pour développer leurs compétences et élargir leur expertise. Par exemple, s'ils sont intéressés par des compétences en gestion d'équipe, ils peuvent s'inscrire à un atelier de leadership ou de gestion du stress. Ces formations leur permettent de se renforcer dans leur domaine et de gagner en confiance.

2. S'ouvrir à des Lectures et des Ressources Inspirantes

Les livres, les articles, et même les podcasts peuvent être des sources de motivation et d'apprentissage pour les hypersensibles. En s'inspirant des parcours de personnes qui ont réussi, des idées et stratégies innovantes, ils trouvent des moyens de s'adapter et de s'épanouir. Lire des ouvrages sur le développement personnel, l'intelligence émotionnelle ou la résilience leur offre de nouvelles perspectives et les aide à renforcer leur état d'esprit.

3. Pratiquer l'Apprentissage Expérientiel

L'apprentissage expérientiel consiste à apprendre par l'expérience, en se lançant dans des projets concrets qui demandent de sortir de sa zone de confort. Pour les hypersensibles, cela peut signifier travailler sur un nouveau projet, participer à des événements en tant que volontaires ou explorer des rôles différents. Ces expériences pratiques leur permettent de développer de nouvelles compétences tout en gagnant en assurance.

Conclusion du Chapitre : Un Parcours de Croissance et d'Épanouissement

Ce chapitre a exploré les étapes et stratégies pour que les hypersensibles puissent se développer personnellement et professionnellement tout en respectant leur sensibilité. En se fixant des objectifs alignés avec leurs valeurs, en adoptant une mentalité de croissance et en prenant soin de leur bien-être, ils peuvent trouver un équilibre qui leur permet d'atteindre un épanouissement durable.

Pour les hypersensibles, le développement personnel est un processus d'évolution continu qui enrichit non seulement leur vie professionnelle, mais aussi leur bien-être général. En se concentrant sur leurs forces et en continuant d'apprendre, ils deviennent des individus confiants, résilients et alignés avec eux-mêmes. Le prochain chapitre abordera comment les hypersensibles peuvent s'approprier leurs réussites et renforcer leur sentiment d'accomplissement, en célébrant chaque étape de leur parcours.

Chapitre 14 : S'approprier ses Réussites et Cultiver le Sentiment d'Accomplissement

Pour les personnes hypersensibles, il est parfois difficile de reconnaître et de célébrer leurs réussites, en partie à cause de leur tendance à l'autocritique et à leur modestie naturelle. Pourtant, s'approprier ses réussites et cultiver un sentiment d'accomplissement est essentiel pour renforcer la confiance en soi, se motiver et continuer à progresser. En prenant le temps de reconnaître leurs succès, les hypersensibles apprennent à valoriser leurs efforts, à apprécier leur parcours et à ressentir une satisfaction durable dans leur vie professionnelle.

Dans ce chapitre, nous explorerons des méthodes concrètes pour aider les hypersensibles à prendre conscience de leurs accomplissements, à célébrer leurs progrès et à développer un sentiment de fierté authentique. Nous aborderons également des techniques pour atténuer l'autocritique et renforcer la gratitude envers soi-même.

Reconnaître et Accepter ses Réussites

Pour s'approprier pleinement leurs réussites, les hypersensibles doivent d'abord apprendre à les reconnaître et à accepter leur valeur. Cela peut nécessiter un changement de perspective, en passant d'une vision autocritique à une vision plus bienveillante et objective de soi-même.

1. Faire une Liste de ses Accomplissements

Un exercice simple mais efficace pour se rendre compte de ses réussites consiste à faire une liste des réalisations, petites ou grandes, que l'on a accomplies. Cette liste peut inclure des réussites professionnelles, des compétences acquises, des défis surmontés ou même des qualités personnelles qui se sont affirmées au fil du temps. En relisant cette liste régulièrement, les hypersensibles se rappellent leur valeur et leurs capacités, ce qui renforce leur confiance en eux.

2. Se Permettre de Ressentir la Fierté

Les hypersensibles, qui sont parfois enclins à minimiser leurs réussites, peuvent bénéficier de s'autoriser à ressentir de la fierté pour leurs accomplissements. Plutôt que de considérer la fierté comme une émotion négative, il est important de la voir comme une reconnaissance légitime des efforts et des progrès accomplis. Par exemple, après avoir mené un projet à bien, ils peuvent prendre un moment pour se féliciter et apprécier leur travail.

3. Pratiquer la Validation de Soi

La validation de soi est la capacité à reconnaître sa propre valeur et ses réussites, sans attendre l'approbation extérieure. Pour les hypersensibles, cela consiste à se dire « J'ai réussi parce que j'ai fait de mon mieux » ou « Mon travail a de la valeur même si personne ne me le dit ». En pratiquant cette validation intérieure, ils deviennent moins dépendants de l'avis des autres pour évaluer leur succès.

Célébrer les Étapes et les Progrès

S'approprier ses réussites ne signifie pas attendre les grandes victoires pour se féliciter. Pour les hypersensibles, célébrer chaque étape du parcours est un moyen de maintenir leur motivation et de ressentir une satisfaction continue dans leur travail.

1. Décomposer les Objectifs en Étapes Atteignables

Les hypersensibles peuvent tirer profit de la décomposition de leurs objectifs en étapes intermédiaires, ce qui leur permet de célébrer chaque petite avancée. Par exemple, s'ils travaillent sur un projet complexe, ils peuvent se fixer des jalons, comme la fin d'une phase de recherche ou la présentation d'une première ébauche. En célébrant chaque étape franchie, ils maintiennent un sentiment de progression qui renforce leur motivation.

2. Instaurer des Rituels de Célébration

Un rituel de célébration permet de prendre un moment pour se féliciter et reconnaître ses progrès. Les hypersensibles peuvent se créer un rituel simple, comme un dîner de célébration, un moment de détente ou une note dans un journal pour chaque accomplissement. Ce rituel leur rappelle de s'arrêter un instant pour savourer leur réussite avant de passer à la prochaine étape, renforçant ainsi leur sentiment d'accomplissement.

3. Partager ses Réussites avec des Personnes de Confiance

Partager ses réussites avec des amis, des collègues ou des proches peut être une source de motivation et de soutien pour les hypersensibles. En racontant leurs progrès à des personnes bienveillantes, ils reçoivent des retours positifs et renforcent leur sentiment de fierté. Cette pratique leur permet également de se rappeler que leurs réussites sont significatives aux yeux des autres, ce qui peut aider à surmonter la tendance à minimiser leurs accomplissements.

Réduire l'Autocritique et Pratiquer l'Auto-compassion

L'autocritique est une tendance fréquente chez les hypersensibles, mais elle peut nuire à leur capacité à reconnaître leurs réussites. En apprenant à réduire l'autocritique et à pratiquer l'auto-compassion, ils se donnent la permission de se sentir accompli et de reconnaître leur valeur.

1. Remplacer les Pensées Critiques par des Pensées Positives

Pour réduire l'autocritique, les hypersensibles peuvent essayer de remplacer les pensées critiques par des affirmations positives et bienveillantes. Par exemple, au lieu de penser « J'aurais pu mieux faire », ils peuvent se dire « J'ai fait de mon mieux avec les ressources disponibles ». Cette pratique les aide à voir leurs réussites sous un jour plus bienveillant et à reconnaître les efforts qu'ils ont fournis.

2. Pratiquer l'Auto-compassion dans les Moments Difficiles

Lorsqu'ils rencontrent un obstacle ou un échec, les hypersensibles peuvent s'offrir de l'auto-compassion en se parlant avec bienveillance. Par exemple, ils peuvent se dire « Ce n'est pas grave de faire des erreurs, cela fait partie du processus d'apprentissage ».

En pratiquant l'auto-compassion, ils se rappellent qu'ils méritent de la bienveillance, même lorsqu'ils ne réussissent pas. Cette attitude les aide à relativiser les échecs et à se concentrer sur leurs réussites.

3. S'entourer de Personnes qui Encouragent et Inspirent

Pour atténuer l'autocritique, les hypersensibles peuvent s'entourer de personnes qui les soutiennent et les encouragent. En échangeant avec des individus bienveillants qui reconnaissent leurs qualités, ils développent une image de soi plus positive et se sentent plus en confiance. Ce réseau de soutien les aide à voir leurs réussites de manière objective et à se rappeler qu'ils ont de la valeur.

Renforcer le Sentiment de Gratitude envers Soi-même

Pour cultiver un sentiment d'accomplissement durable, les hypersensibles peuvent pratiquer la gratitude envers eux-mêmes. Cela signifie reconnaître les efforts qu'ils fournissent au quotidien et se remercier pour leurs progrès. La gratitude envers soi-même aide à renforcer la confiance en ses capacités et à apprécier les petits succès de la vie professionnelle.

1. Tenir un Journal de Gratitude Personnelle

Tenir un journal de gratitude personnelle est une manière de s'offrir des encouragements et de reconnaître ses efforts. Les hypersensibles peuvent noter chaque jour trois choses qu'ils ont accomplies ou pour lesquelles ils se sentent reconnaissants envers eux-mêmes, comme avoir terminé une tâche difficile, avoir surmonté un défi ou avoir pris soin de leur bien-être. Ce journal devient un rappel précieux de leurs succès et renforce leur sentiment de valeur personnelle.

2. Pratiquer des Affirmations Positives

Les affirmations positives sont des phrases bienveillantes que l'on se répète pour renforcer sa confiance et se rappeler ses qualités. Pour les hypersensibles, les affirmations peuvent aider à transformer les pensées autocritiques en un dialogue intérieur constructif. Par exemple, se dire « Je suis fier de mes efforts », « Je mérite de célébrer mes réussites » ou « J'ai les compétences pour réussir » crée un état d'esprit positif et encourageant.

3. Cultiver la Reconnaissance des Petits Succès

Les petits succès, bien que discrets, sont les fondations du sentiment d'accomplissement. Les hypersensibles peuvent se rappeler que chaque pas compte, et que les petits progrès méritent aussi d'être célébrés. Par exemple, après une journée productive, ils peuvent prendre quelques minutes pour se féliciter d'avoir avancé dans leurs projets. Cette habitude renforce la motivation et rappelle que chaque effort est un accomplissement en soi.

Se Récompenser de Manière Bienveillante

Se récompenser est une manière concrète de s'approprier ses réussites et de valoriser ses efforts. Les hypersensibles, qui peuvent parfois négliger les récompenses, peuvent instaurer des moments de plaisir ou des activités agréables pour célébrer leurs progrès.

1. Se Fixer des Récompenses Motivantes

Se fixer des récompenses est une façon de se motiver tout en se faisant plaisir. Par exemple, après avoir terminé un projet important, un hypersensible pourrait s'offrir un dîner spécial, une journée de détente ou un petit cadeau. Ces récompenses ne doivent pas nécessairement être matérielles ; elles peuvent simplement consister à prendre du temps pour soi, ce qui aide à associer les réussites à des moments de plaisir.

2. Se Féliciter Verbalement pour ses Réussites

Parfois, les mots peuvent avoir un grand impact. Les hypersensibles peuvent se féliciter verbalement après chaque réussite, même petite. Dire à voix haute « J'ai fait du bon travail aujourd'hui » ou « Je suis fier de ce que j'ai accompli » renforce le sentiment d'accomplissement et encourage la confiance en soi.

3. Partager ses Succès avec des Personnes Qui les Apprécient

Les hypersensibles peuvent également partager leurs succès avec des amis, des collègues ou des membres de leur famille qui les soutiennent. En racontant leurs réussites à des personnes bienveillantes, ils reçoivent des retours positifs et partagent leur joie, ce qui renforce leur sentiment d'accomplissement et leur permet de savourer pleinement leurs progrès.

Se Remémorer les Progrès Réalisés pour Renforcer sa Confiance

Prendre le temps de se remémorer ses progrès est essentiel pour que les hypersensibles puissent apprécier la trajectoire de leur développement personnel et professionnel. Cette pratique les aide à garder en mémoire les défis qu'ils ont surmontés et à se rappeler que chaque étape contribue à leur parcours.

1. Créer une « Carte des Succès » Visuelle

Une « carte des succès » est un outil visuel où l'on répertorie ses réussites et ses moments de fierté. Les hypersensibles peuvent créer cette carte en notant leurs accomplissements sur des post-its ou en les illustrant avec des images, puis en les collant sur un tableau. En visualisant leurs progrès de manière tangible, ils se rappellent leurs réussites et se motivent pour continuer à avancer.

2. Écrire une Lettre de Fierté à Soi-même

Écrire une lettre de fierté à soi-même est une manière de reconnaître ses succès de manière sincère et personnelle. Les hypersensibles peuvent y exprimer leur gratitude envers eux-mêmes, leur fierté pour les défis surmontés et les compétences développées. Cette lettre peut être relue dans les moments de doute pour se rappeler des progrès accomplis et des forces personnelles.

3. Créer un Rituel Annuel de Bilan Positif

Chaque année, les hypersensibles peuvent prendre un moment pour faire le bilan de leurs réussites et de leurs apprentissages. Ils peuvent se poser des questions comme « Quelles sont mes plus grandes réussites de cette année ? », « Quels défis ai-je surmontés ? » et « De quoi suis-je le plus fier ? » Ce rituel annuel leur permet de regarder leur parcours avec bienveillance et de voir l'évolution de leurs compétences et de leur confiance en eux.

Conclusion du Chapitre : Construire un Sentiment d'Accomplissement Durable

Ce chapitre a mis en lumière des pratiques concrètes pour aider les hypersensibles à s'approprier leurs réussites et à cultiver un sentiment d'accomplissement authentique. En apprenant à reconnaître leurs succès, à se célébrer avec bienveillance et à renforcer leur gratitude envers eux-mêmes, ils développent une confiance en leurs capacités et un élan pour continuer leur cheminement.

Pour les hypersensibles, s'approprier ses réussites n'est pas seulement une question de performance, mais un moyen de se rappeler qu'ils ont de la valeur et qu'ils méritent de célébrer chaque pas accompli. En cultivant un sentiment d'accomplissement durable, ils créent une base solide pour leur épanouissement personnel et professionnel. Dans le prochain chapitre, nous explorerons comment les hypersensibles peuvent, à partir de cet accomplissement, inspirer et encourager les autres dans leur propre parcours.

Chapitre 15 : Inspirer et Encourager les Autres avec son Hypersensibilité

Les personnes hypersensibles, grâce à leur empathie, leur sensibilité et leur capacité d'écoute, possèdent un potentiel unique pour inspirer et encourager ceux qui les entourent. Que ce soit au travail ou dans leur vie personnelle, elles peuvent jouer un rôle clé dans la motivation et le soutien des autres, en créant des liens authentiques et en offrant un soutien émotionnel précieux. En utilisant leur sensibilité comme une force, les hypersensibles peuvent apporter une dimension de bienveillance et de compréhension qui touche profondément les personnes autour d'eux.

Dans ce chapitre, nous explorerons des stratégies et des pratiques pour que les hypersensibles puissent inspirer et encourager leur entourage. Nous aborderons des techniques pour offrir un soutien authentique, partager leurs expériences de manière positive et devenir des modèles de résilience et d'authenticité.

Offrir un Soutien Émotionnel et Écouter de Manière Profonde

Les hypersensibles ont une capacité naturelle à se connecter aux émotions des autres, ce qui fait d'eux des soutiens émotionnels précieux. En écoutant de manière attentive et en offrant un espace de compréhension, ils peuvent apporter un réconfort qui encourage les autres à exprimer leurs sentiments et à trouver des solutions à leurs défis.

1. Pratiquer l'Écoute Empathique

L'écoute empathique est une écoute attentive qui vise à comprendre profondément les émotions et les préoccupations de l'autre, sans juger ni interrompre. Les hypersensibles, qui sont naturellement sensibles aux besoins émotionnels des autres, peuvent se concentrer sur cette forme d'écoute pour apporter un soutien sincère. Par exemple, en reformulant ce que l'autre exprime (« Je comprends que tu te sens… »), ils montrent qu'ils sont pleinement présents et qu'ils respectent les émotions de leur interlocuteur.

2. Offrir un Espace d'Accueil pour les Émotions

Les hypersensibles peuvent également créer un espace d'accueil où leurs amis, collègues ou proches se sentent libres d'exprimer leurs émotions sans crainte de jugement. En montrant qu'ils acceptent et respectent les sentiments de l'autre, ils permettent à celui-ci de se sentir compris et valorisé. Cette approche encourage les personnes à se confier et à trouver un soulagement dans l'expression de leurs émotions.

3. Rester Calme et Apaisant dans les Moments de Stress

Dans les moments de stress ou de conflit, les hypersensibles peuvent apporter une touche apaisante grâce à leur calme et leur présence bienveillante. En restant centrés et en parlant de manière douce, ils aident les autres à réduire leur propre stress et à prendre du recul. Leur attitude posée encourage un climat de confiance et d'apaisement, ce qui est essentiel pour aider les autres à gérer les situations difficiles.

Partager ses Expériences pour Inspirer et Encourager les Autres

Les hypersensibles, en raison de leur parcours de développement personnel, possèdent souvent une grande sagesse issue de leurs expériences. En partageant leurs propres histoires de manière positive et constructive, ils peuvent inspirer les autres à surmonter leurs défis et à croire en leur propre potentiel.

1. Être Authentique en Partageant ses Défis et ses Réussites

Partager ses défis et ses réussites de manière authentique permet aux hypersensibles d'inspirer les autres. En racontant leurs propres moments de doute, d'apprentissage ou de succès, ils montrent qu'il est possible de surmonter les obstacles et de progresser. Leur authenticité et leur vulnérabilité encouragent les autres à voir leurs propres défis comme des étapes normales du développement personnel.

2. Mettre en Avant les Leçons Apprises

Les expériences des hypersensibles sont souvent sources de précieuses leçons. En partageant les leçons qu'ils ont apprises, comme l'importance de la résilience, de la gestion des émotions ou de la gratitude, ils offrent des perspectives inspirantes. Par exemple, ils peuvent expliquer comment ils ont appris à gérer leur stress ou à développer la confiance en eux, en montrant que chacun peut trouver des stratégies pour évoluer.

3. Inspirer par l'Exemple de la Bienveillance et de la Patience

En incarnant la bienveillance et la patience dans leurs interactions, les hypersensibles deviennent des modèles pour les autres. Par leur comportement, ils montrent qu'il est possible de réussir tout en étant respectueux, empathiques et ouverts. Leur manière de traiter les autres avec respect inspire des comportements similaires et encourage leur entourage à adopter une attitude plus bienveillante.

Encourager la Résilience et la Confiance en Soi

En s'appuyant sur leur propre résilience, les hypersensibles peuvent encourager les autres à développer la confiance en eux et à persévérer malgré les difficultés. Ils peuvent jouer un rôle de guide en aidant leurs collègues, amis ou proches à renforcer leur confiance en leurs capacités et à voir leurs forces.

1. Offrir des Encouragements Sincères et Positifs

Les encouragements sincères sont souvent très précieux, et les hypersensibles, en raison de leur empathie, savent comment exprimer des paroles motivantes de manière authentique. En félicitant les autres pour leurs efforts et en reconnaissant leurs progrès, ils montrent qu'ils croient en leur potentiel. Par exemple, ils peuvent dire « Je suis impressionné par ta persévérance » ou « Ta progression est vraiment remarquable », ce qui motive les autres à continuer sur leur chemin.

2. Aider les Autres à Reconnaître leurs Propres Forces

Les hypersensibles peuvent aider les autres à prendre conscience de leurs points forts et de leurs compétences uniques. Par exemple, en soulignant un talent ou une qualité spécifique, comme la créativité ou la patience, ils permettent aux autres de voir leur valeur. En aidant leur entourage à se concentrer sur leurs forces, ils renforcent la confiance en soi et encouragent une attitude positive.

3. Partager des Stratégies de Résilience

Ayant souvent eux-mêmes appris à développer des techniques de résilience, les hypersensibles peuvent partager ces outils avec les autres. Ils peuvent expliquer des méthodes de gestion du stress, des techniques de relaxation ou des conseils pour surmonter les difficultés. En proposant des stratégies concrètes, ils inspirent les autres à renforcer leur résilience et à surmonter les défis avec plus de confiance.

Créer un Environnement Positif et Encourageant

Les hypersensibles, en raison de leur capacité à percevoir les émotions et l'atmosphère, sont particulièrement bien placés pour créer un environnement positif qui encourage la croissance personnelle et professionnelle de ceux qui les entourent.

1. Valoriser l'Entraide et la Collaboration

En encourageant un esprit d'entraide, les hypersensibles favorisent une atmosphère de soutien mutuel où chacun se sent soutenu. Par exemple, ils peuvent organiser des moments de partage ou de discussion, où chacun peut poser des questions et offrir des conseils. Cette approche favorise la collaboration et renforce le sentiment d'appartenance au sein de l'équipe.

2. Encourager une Communication Ouverte et Bienveillante

Les hypersensibles, qui valorisent souvent la bienveillance, peuvent montrer l'importance de la communication ouverte et respectueuse. En écoutant attentivement et en s'assurant que chacun se sent entendu, ils instaurent un climat de confiance. Ils peuvent aussi encourager les autres à exprimer leurs besoins et à poser des limites, ce qui crée un environnement où chacun se sent libre d'être soi-même.

3. Célébrer les Succès Collectifs et Individuels

Les hypersensibles peuvent renforcer la motivation en célébrant les succès, qu'ils soient individuels ou collectifs. En prenant le temps de reconnaître les accomplissements de chacun, ils montrent que chaque contribution est importante. Cette célébration des réussites, petites ou grandes, crée un environnement positif où les efforts sont valorisés et où chacun se sent encouragé à donner le meilleur de soi.

Chapitre 16 : Équilibrer Hypersensibilité et Ambition

Pour les personnes hypersensibles, l'ambition peut être une source de motivation et de satisfaction, mais elle peut également susciter des défis particuliers. En effet, l'hypersensibilité et l'ambition peuvent sembler parfois contradictoires, car l'envie de se dépasser peut entrer en tension avec le besoin de préserver son bien-être émotionnel. Cependant, il est tout à fait possible de concilier ces deux aspects et de poursuivre des objectifs ambitieux tout en respectant sa sensibilité. En trouvant un équilibre entre leurs aspirations et leurs besoins, les hypersensibles peuvent réaliser leurs rêves sans compromettre leur bien-être.

Dans ce chapitre, nous explorerons des stratégies pour que les hypersensibles puissent concilier ambition et sensibilité. Nous aborderons des pratiques pour établir des objectifs clairs, gérer le stress lié aux attentes élevées et cultiver un rythme de travail qui respecte leur nature.

Définir des Objectifs Ambitieux mais Réalistes

Pour équilibrer ambition et hypersensibilité, il est essentiel de fixer des objectifs qui reflètent ses aspirations tout en restant atteignables. En établissant des objectifs clairs et bien définis, les hypersensibles peuvent avancer de manière sereine, en se concentrant sur des étapes progressives.

1. Clarifier ses Aspirations Profondes

La première étape consiste à identifier ce que l'on souhaite vraiment accomplir. Pour les hypersensibles, il est important de se poser des questions telles que « Quels sont mes rêves ? », « Quels types d'objectifs résonnent avec mes valeurs personnelles ? » et « Dans quel domaine ai-je envie de faire une différence ? ». Ces questions aident à définir des objectifs qui ont du sens et qui reflètent leurs aspirations authentiques.

2. Fractionner les Objectifs en Étapes Concrètes

Les hypersensibles peuvent éviter de se sentir submergés en divisant leurs objectifs ambitieux en étapes plus petites et atteignables. En prenant chaque objectif comme une série d'étapes progressives, ils peuvent évaluer leurs progrès et célébrer chaque étape franchie. Par exemple, s'ils souhaitent atteindre un poste de responsabilité, ils peuvent se fixer des sous-objectifs comme l'acquisition de nouvelles compétences, la participation à des projets spécifiques ou le renforcement de leur réseau professionnel.

3. Établir des Échéances Réalistes et Flexibles

Il est également utile de fixer des délais réalistes pour chaque objectif, tout en laissant une certaine flexibilité. Les hypersensibles, qui peuvent parfois être sensibles aux pressions temporelles, peuvent éviter le stress en établissant des échéances souples et en s'accordant la possibilité d'ajuster leur calendrier en fonction de leur bien-être. Cette flexibilité les aide à rester motivés sans ressentir une pression excessive.

Gérer le Stress et les Exigences de l'Ambition

La poursuite d'objectifs ambitieux peut parfois entraîner du stress, surtout pour les hypersensibles qui ressentent intensément les pressions et les attentes. En adoptant des techniques de gestion du stress et en apprenant à relâcher les exigences de perfection, ils peuvent avancer sereinement vers leurs objectifs.

1. Pratiquer la Gestion des Priorités

Pour éviter la surcharge, les hypersensibles peuvent pratiquer la gestion des priorités en se concentrant sur les tâches les plus importantes et en déléguant ou en reportant les moins urgentes. Cette organisation les aide à rester focalisés sur l'essentiel et à avancer sans se laisser submerger par le nombre de tâches à accomplir. En identifiant les priorités, ils peuvent ainsi garder leur énergie pour les activités qui les rapprochent le plus de leurs objectifs.

2. Utiliser des Techniques de Relaxation pour Maintenir le Calme

Les techniques de relaxation, comme la respiration profonde, la méditation ou la visualisation positive, sont de précieux outils pour les hypersensibles qui aspirent à gérer leur stress tout en poursuivant leurs ambitions. Ces pratiques régulières les aident à réduire la tension accumulée et à retrouver leur calme. Par exemple, prendre quelques minutes chaque jour pour pratiquer la respiration profonde peut réduire l'anxiété et leur permettre de se recentrer.

3. Relâcher les Exigences de Perfection

L'ambition peut parfois entraîner un perfectionnisme excessif, qui peut devenir épuisant pour les hypersensibles. En apprenant à relâcher les exigences de perfection et à accepter les erreurs comme faisant partie du processus, ils allègent la pression qu'ils se mettent. Ils peuvent adopter une mentalité de croissance en se disant : « L'essentiel est de progresser, pas d'être parfait ». Cette attitude les aide à avancer de manière plus légère et à préserver leur énergie.

Préserver un Équilibre entre Travail et Vie Personnelle

Pour les hypersensibles, maintenir un équilibre sain entre travail et vie personnelle est essentiel pour poursuivre leurs ambitions sans s'épuiser. En s'accordant du temps pour se ressourcer, ils peuvent conserver leur motivation et leur énergie pour leurs projets.

1. S'accorder des Moments de Déconnexion Régulière

Les moments de déconnexion sont cruciaux pour les hypersensibles, qui peuvent rapidement se fatiguer s'ils se consacrent exclusivement à leurs objectifs. En s'accordant des pauses régulières, des week-ends de détente ou des soirées sans travail, ils rechargent leurs batteries et évitent l'épuisement. Ces moments de déconnexion leur permettent de revenir à leurs projets avec une énergie renouvelée.

2. Instaurer des Rituels de Bien-être Quotidiens

Pour préserver leur bien-être, les hypersensibles peuvent instaurer des rituels de bien-être, comme une pratique de méditation matinale, un moment de lecture en fin de journée ou une activité physique régulière. Ces rituels les aident à maintenir un état d'esprit positif et à équilibrer les exigences de leur ambition avec leur besoin de repos.

3. Consacrer du Temps aux Activités Ressourçantes

En plus de leurs objectifs professionnels, les hypersensibles peuvent préserver leur bien-être en consacrant du temps à des activités qui les ressourcent et leur apportent du plaisir. Qu'il s'agisse de loisirs créatifs, de promenades en nature ou de moments passés avec des proches, ces activités renforcent leur équilibre et leur bien-être émotionnel. Elles leur rappellent également que l'accomplissement ne réside pas uniquement dans la réalisation de leurs objectifs, mais aussi dans les plaisirs simples de la vie.

Trouver du Sens dans chaque Étape du Parcours

Pour les hypersensibles, donner du sens à leur parcours est essentiel pour maintenir leur motivation. En se concentrant sur les aspects enrichissants de chaque étape, ils transforment leur ambition en un chemin de croissance personnelle.

1. Apprécier le Processus et non seulement le Résultat

Plutôt que de se focaliser uniquement sur le résultat final, les hypersensibles peuvent trouver du sens dans chaque étape du parcours. En appréciant les progrès, les apprentissages et les compétences développées en cours de route, ils ressentent un sentiment d'accomplissement constant. Cette approche leur permet de voir l'ambition comme un processus enrichissant, et non seulement comme un moyen d'atteindre un objectif.

2. Se Rappeler l'Impact Positif de leurs Actions

Les hypersensibles, qui sont souvent motivés par des valeurs profondes, peuvent renforcer leur motivation en se rappelant l'impact positif de leurs actions. Par exemple, ils peuvent se rappeler comment leur travail contribue au bien-être des autres, à la préservation de l'environnement ou à la promotion de valeurs humaines. Cet impact positif donne un sens plus large à leurs efforts et renforce leur engagement envers leurs ambitions.

3. Célébrer les Progrès et les Petites Victoires

Enfin, célébrer les progrès et les petites victoires est une manière de rester motivé et de nourrir le sentiment de satisfaction. En prenant le temps de reconnaître chaque étape franchie, les hypersensibles se rappellent qu'ils avancent, même si les progrès sont parfois modestes. Cette célébration des petites victoires renforce leur confiance en eux et leur donne la motivation nécessaire pour continuer à poursuivre leurs objectifs.

Chapitre 17 : Cultiver une Mentalité de Bien-être et de Croissance Durable

Pour les personnes hypersensibles, le bien-être et la croissance personnelle sont intimement liés. En cherchant à grandir et à s'épanouir sans négliger leurs besoins émotionnels et physiques, ils créent un équilibre qui leur permet de poursuivre leurs objectifs tout en respectant leur sensibilité. Une mentalité de bien-être durable repose sur des pratiques qui nourrissent à la fois le corps, l'esprit et les émotions, permettant aux hypersensibles de s'épanouir pleinement et de maintenir leur énergie sur le long terme.

Dans ce chapitre, nous explorerons des stratégies pour que les hypersensibles puissent cultiver un bien-être qui soutient leur croissance. Nous aborderons des pratiques de soins personnels, des techniques de relaxation et des habitudes de pensée qui encouragent un épanouissement continu, tout en préservant l'équilibre et la sérénité.

Instaurer des Pratiques de Soins Personnels pour le Bien-être

Le bien-être repose sur une attention quotidienne aux besoins du corps et de l'esprit. Pour les hypersensibles, les pratiques de soins personnels sont essentielles pour maintenir leur énergie et leur équilibre émotionnel, en leur permettant de faire face aux défis avec sérénité.

1. Prendre Soin de son Corps par une Alimentation Saine et Énergisante

L'alimentation joue un rôle crucial dans le bien-être, en fournissant au corps l'énergie et les nutriments nécessaires pour affronter la journée. Les hypersensibles, en raison de leur sensibilité aux fluctuations d'énergie, peuvent bénéficier d'une alimentation équilibrée, riche en fruits, légumes, protéines et glucides complexes. En choisissant des aliments sains et en évitant les excès de caféine ou de sucre, ils stabilisent leur énergie et renforcent leur bien-être général.

2. Maintenir une Activité Physique Régulière

L'activité physique est un excellent moyen de réduire le stress, de libérer des endorphines et de maintenir un état d'esprit positif. Pour les hypersensibles, des activités douces comme le yoga, la marche, la natation ou le tai-chi peuvent être particulièrement bénéfiques, car elles allient exercice physique et relaxation. En intégrant une activité régulière dans leur routine, ils renforcent leur santé et leur résilience face aux défis.

3. Prioriser le Sommeil pour Recharger son Énergie

Le sommeil est essentiel pour les hypersensibles, qui peuvent ressentir les effets de la fatigue plus intensément. Un bon sommeil permet de régénérer le corps et l'esprit, de renforcer la concentration et de réduire le stress. En adoptant des habitudes de sommeil saines, comme des heures de coucher régulières, un environnement calme et une routine relaxante avant de dormir, les hypersensibles améliorent leur bien-être et leur énergie quotidienne.

Pratiquer la Relaxation pour Gérer le Stress et les Émotions

La relaxation est une pratique essentielle pour les hypersensibles, car elle leur permet de relâcher les tensions, de se recentrer et de préserver leur équilibre émotionnel. En adoptant des techniques de relaxation, ils peuvent gérer plus sereinement les situations stressantes et mieux répondre aux défis.

1. La Méditation de Pleine Conscience pour Apaiser l'Esprit

La méditation de pleine conscience est une pratique qui aide à se concentrer sur le moment présent, en observant les pensées sans les juger. Les hypersensibles, qui peuvent parfois être envahis par des pensées anxieuses, peuvent utiliser la pleine conscience pour se recentrer et apaiser leur esprit. En méditant quelques minutes par jour, ils développent leur capacité à rester calmes et à prendre du recul face aux émotions intenses.

2. La Respiration Profonde pour Réduire le Stress Immédiatement

La respiration profonde est une technique de relaxation simple et efficace pour réduire le stress en quelques instants. Les hypersensibles peuvent pratiquer des exercices de respiration, comme la respiration abdominale ou la respiration en carré, pour calmer leur système nerveux et relâcher les tensions. Cette technique est particulièrement utile dans les moments de stress aigu, car elle procure une sensation immédiate de détente.

3. Les Visualisations Positives pour Renforcer la Confiance en Soi

Les visualisations positives consistent à imaginer des scénarios apaisants ou inspirants, qui aident à renforcer la confiance en soi et à cultiver un état d'esprit positif. Les hypersensibles peuvent, par exemple, visualiser un lieu apaisant ou se projeter en train de réussir un projet important. Cette pratique leur permet de transformer leurs pensées anxieuses en images positives et motivantes.

Développer des Habitudes de Pensée Positives et Constructives

Les habitudes de pensée jouent un rôle fondamental dans le bien-être mental. En cultivant des pensées positives et constructives, les hypersensibles apprennent à gérer leurs émotions de manière saine et à renforcer leur résilience face aux défis.

1. Remplacer les Pensées Négatives par des Affirmations Positives

Les hypersensibles peuvent avoir tendance à se concentrer sur les aspects négatifs ou les éventuelles difficultés. En remplaçant ces pensées par des affirmations positives, ils reprogramment leur esprit pour se concentrer sur leurs forces et leurs réussites. Par exemple, au lieu de se dire « Je n'y arriverai jamais », ils peuvent se répéter « J'ai les compétences nécessaires pour réussir ». Cette habitude renforce leur confiance et les aide à maintenir une perspective optimiste.

2. Pratiquer la Gratitude pour Cultiver un État d'Esprit Positif

La gratitude est une habitude puissante pour renforcer le bien-être et voir le positif dans chaque journée. Les hypersensibles peuvent tenir un journal de gratitude, en notant chaque jour trois choses pour lesquelles ils se sentent reconnaissants. Cette pratique leur rappelle les aspects positifs de leur vie et les aide à relativiser les difficultés, en se concentrant sur les moments de bonheur et les réussites.

3. Adopter une Mentalité de Croissance pour Faire Face aux Défis

La mentalité de croissance consiste à voir les défis comme des opportunités d'apprentissage et de développement. Les hypersensibles peuvent cultiver cette mentalité en se disant que chaque obstacle est une occasion de grandir, de renforcer leurs compétences ou d'en apprendre davantage sur eux-mêmes. Cette attitude les aide à faire face aux difficultés avec courage et à ne pas se laisser décourager par les épreuves.

Se Connecter à des Relations Positives pour un Soutien Émotionnel

Les relations sociales jouent un rôle essentiel dans le bien-être, surtout pour les hypersensibles qui attachent une grande importance aux liens émotionnels. En s'entourant de personnes bienveillantes et inspirantes, ils renforcent leur soutien et leur équilibre émotionnel.

1. Cultiver des Relations de Qualité et de Confiance

Les hypersensibles peuvent privilégier des relations profondes et sincères, qui leur apportent un soutien émotionnel et une écoute bienveillante. En passant du temps avec des amis ou des proches de confiance, ils trouvent un espace où ils peuvent se sentir compris et soutenus. Ces relations de qualité renforcent leur bien-être et leur sentiment d'appartenance.

2. Participer à des Communautés Qui Partagent des Valeurs Communes

Rejoindre des communautés qui partagent leurs valeurs ou leurs centres d'intérêt permet aux hypersensibles de trouver un réseau de soutien et de compréhension. Qu'il s'agisse de groupes de développement personnel, de forums d'hypersensibilité ou de cercles de passionnés, ces communautés offrent un espace où ils peuvent partager leurs expériences et se sentir valorisés.

3. Établir des Limites pour Préserver son Énergie

Pour éviter de se sentir épuisés par des relations trop exigeantes, les hypersensibles peuvent apprendre à poser des limites claires. Cela signifie, par exemple, savoir dire non à des demandes excessives ou prendre du temps pour soi lorsque cela est nécessaire. En établissant des limites, ils protègent leur énergie et évitent de se laisser submerger par des interactions sociales qui ne leur sont pas bénéfiques.

Conclusion du Chapitre : Un Cheminement vers la Croissance et le Bien-être Durable

Ce chapitre a exploré des pratiques concrètes pour que les hypersensibles puissent cultiver une mentalité de bien-être et de croissance durable. En prenant soin de leur corps, en pratiquant la relaxation et en adoptant des habitudes de pensée positives, ils renforcent leur résilience et leur équilibre émotionnel.

La croissance personnelle, pour les hypersensibles, ne consiste pas seulement à atteindre des objectifs, mais aussi à évoluer de manière alignée avec leurs valeurs et à préserver leur bien-être. En suivant ces pratiques, ils créent un environnement propice à un épanouissement authentique et durable. Dans le prochain chapitre, nous explorerons comment les hypersensibles peuvent contribuer positivement à leur environnement de travail en partageant leur énergie bienveillante et en inspirant les autres à cultiver leur propre bien-être.

Chapitre 18 : Rayonner en Milieu de Travail : Partager son Bien-être et Inspirer les Autres

Les personnes hypersensibles, en développant un bien-être durable et une mentalité de croissance, peuvent non seulement transformer leur propre vie professionnelle mais aussi avoir un impact positif sur leur environnement de travail. En étant eux-mêmes des modèles de sérénité et de résilience, ils peuvent inspirer leurs collègues à adopter des pratiques similaires et à créer une atmosphère plus bienveillante. Leur présence peut ainsi contribuer à un climat de respect, de compréhension et de soutien mutuel.

Dans ce chapitre, nous explorerons des façons concrètes pour que les hypersensibles partagent leur bien-être au travail et influencent positivement leur entourage. Nous aborderons des stratégies pour incarner des valeurs de bienveillance, encourager les autres à prendre soin d'eux-mêmes et créer un environnement de travail harmonieux et respectueux.

Incarner des Valeurs de Bienveillance et de Respect

En incarnant la bienveillance et le respect, les hypersensibles montrent par l'exemple comment créer des relations positives et sincères au travail. Cette approche inspire les autres et encourage chacun à contribuer à un climat de travail apaisé et inclusif.

1. Pratiquer la Bienveillance Active au Quotidien

Les hypersensibles peuvent montrer la bienveillance dans leurs actions quotidiennes, comme saluer leurs collègues avec chaleur, offrir une écoute attentive ou proposer leur aide en cas de besoin. Ces gestes simples renforcent la confiance et encouragent les autres à adopter des comportements similaires. Par exemple, en prenant le temps de dire « bonjour » à chacun, ils créent une ambiance positive et montrent qu'ils valorisent la présence de leurs collègues.

2. Respecter les Différences et Encourager la Diversité

Les hypersensibles, qui valorisent souvent l'authenticité, peuvent encourager la diversité en montrant du respect pour les idées, les cultures et les parcours différents. En étant ouverts aux perspectives variées et en reconnaissant la richesse de la diversité, ils inspirent un climat d'inclusion. Par exemple, ils peuvent exprimer leur appréciation pour une approche innovante ou souligner la valeur d'un point de vue unique, renforçant ainsi le sentiment d'appartenance de chaque collègue.

3. Démontrer le Respect par l'Écoute et l'Attention

Les hypersensibles possèdent une capacité naturelle à écouter profondément. En prenant le temps de vraiment écouter les autres, sans jugement ni interruption, ils montrent leur respect pour les idées et les émotions de leurs collègues. Cette qualité d'écoute favorise la confiance et permet à chacun de se sentir valorisé et entendu, ce qui renforce l'harmonie au sein de l'équipe.

Encourager les Autres à Prendre Soin de Leur Bien-être

Les hypersensibles, en cultivant leur propre bien-être, peuvent inspirer leurs collègues à prendre soin d'eux-mêmes. En partageant leurs pratiques de bien-être et en encourageant un environnement où chacun se sent libre de préserver son équilibre, ils créent un cadre de travail où la santé mentale et émotionnelle est valorisée.

1. Partager ses Pratiques de Bien-être de Manière Inspirante

Les hypersensibles peuvent partager leurs propres pratiques de bien-être, comme la méditation, les pauses régulières ou la pleine conscience, sans imposer de règles. Par exemple, en parlant de manière informelle de leur routine matinale ou de leur habitude de déconnexion, ils montrent que le bien-être est une priorité, ce qui peut inciter leurs collègues à explorer ces pratiques pour eux-mêmes.

2. Encourager les Pauses et le Détachement du Travail

Pour éviter l'épuisement, les hypersensibles peuvent encourager leurs collègues à prendre des pauses régulières et à se déconnecter du travail en dehors des heures de bureau. Par exemple, en proposant une pause-café commune ou en rappelant l'importance de prendre un vrai moment de repos le midi, ils contribuent à normaliser les pauses et à promouvoir une culture du bien-être. Ces petites habitudes renforcent l'idée qu'il est essentiel de recharger son énergie pour rester efficace et équilibré.

3. Soutenir les Initiatives de Bien-être au Travail

Les hypersensibles peuvent soutenir les initiatives de bien-être, comme les séances de yoga, les programmes de santé mentale ou les ateliers de gestion du stress, en y participant activement et en encourageant leurs collègues à faire de même. Par leur présence et leur enthousiasme, ils montrent l'importance de ces activités et contribuent à en faire une priorité pour l'organisation.

Créer un Environnement de Travail Harmonieux et Respectueux

Les hypersensibles, par leur sensibilité aux émotions et aux dynamiques de groupe, sont bien placés pour encourager un climat de travail harmonieux. En instaurant des pratiques qui favorisent la coopération, la compréhension et le respect, ils contribuent à une ambiance positive et inclusive.

1. Favoriser la Communication Ouverte et Respectueuse

Les hypersensibles peuvent promouvoir une communication respectueuse en montrant l'importance d'exprimer ses idées et ses besoins de manière claire et bienveillante. En encourageant leurs collègues à partager leurs points de vue sans jugement et à poser des questions, ils créent un climat où chacun se sent libre de s'exprimer. Par exemple, en organisant des moments d'échange où chacun peut parler de ses besoins ou de ses ressentis, ils renforcent la transparence et l'inclusion.

2. Instaurer des Rituels pour Renforcer l'Esprit d'Équipe

Les rituels d'équipe, comme des déjeuners collectifs, des célébrations des anniversaires ou des sessions de feedback, renforcent les liens et créent un sentiment d'appartenance. Les hypersensibles peuvent proposer ou encourager ces rituels pour consolider la cohésion de l'équipe. Ces moments de partage permettent à chacun de se sentir inclus et valorisé, ce qui améliore la collaboration et le bien-être collectif.

3. Encourager la Collaboration et l'Entraide

Les hypersensibles, qui apprécient souvent le travail en coopération, peuvent montrer l'importance de l'entraide en proposant des initiatives collaboratives. Par exemple, ils peuvent organiser des sessions de travail en binôme ou créer des espaces où chacun peut partager des conseils. Ces pratiques renforcent l'esprit d'équipe et permettent de s'entraider pour surmonter les défis. En valorisant l'entraide, ils inspirent leurs collègues à travailler ensemble et à se soutenir mutuellement.

Inspirer par l'Exemple : Devenir un Modèle de Résilience et d'Authenticité

En incarnant la résilience, l'authenticité et le bien-être, les hypersensibles peuvent devenir des modèles pour leurs collègues. Leur manière d'affronter les défis et de rester fidèles à eux-mêmes inspire ceux qui les entourent à adopter une attitude similaire.

1. Rester Authentique et Transparent dans les Interactions

Les hypersensibles peuvent inspirer les autres en restant authentiques dans leurs relations. En partageant leurs émotions et leurs expériences avec sincérité, ils montrent qu'il est possible d'être soi-même tout en réussissant. Par exemple, en parlant ouvertement des défis qu'ils ont surmontés ou des valeurs qui les guident, ils montrent que l'authenticité est une force, ce qui encourage leurs collègues à être eux-mêmes.

2. Affronter les Défis avec Calme et Résilience

Les hypersensibles, en cultivant leur résilience, peuvent servir d'exemple pour ceux qui les entourent. En montrant leur capacité à gérer le stress, à surmonter les obstacles et à rester positifs malgré les difficultés, ils inspirent une attitude constructive. Leur résilience et leur calme face aux défis montrent que chacun peut développer des ressources pour affronter les moments difficiles avec sérénité.

3. Valoriser le Bien-être comme une Priorité

En donnant la priorité à leur bien-être, les hypersensibles montrent qu'il est possible de réussir tout en prenant soin de soi. Leur manière de valoriser le bien-être inspire leurs collègues à faire de même, en équilibrant travail et vie personnelle. En montrant que le bien-être est compatible avec la réussite, ils encouragent une approche plus humaine et bienveillante du travail.

Conclusion du Chapitre : Un Impact Positif sur l'Environnement de Travail

Ce chapitre a mis en lumière des façons pour les hypersensibles de partager leur bien-être et d'inspirer leur entourage au travail. En incarnant la bienveillance, en encourageant le soin de soi et en contribuant à une atmosphère harmonieuse, ils montrent l'impact qu'une approche positive et authentique peut avoir sur un groupe.

Pour les hypersensibles, influencer positivement leur environnement ne nécessite pas toujours des actions spectaculaires. En étant simplement eux-mêmes, en restant fidèles à leurs valeurs et en cultivant leur propre bien-être, ils apportent une énergie positive qui se propage à ceux qui les entourent. Dans le prochain chapitre, nous aborderons comment les hypersensibles peuvent continuer à évoluer en gardant un esprit d'ouverture et en acceptant les défis comme des opportunités de croissance.

Chapitre 19 : Évoluer en Acceptant les Défis et les Opportunités de Croissance

Pour les personnes hypersensibles, chaque défi est une occasion de développer des compétences, de renforcer la résilience et de mieux se connaître. En adoptant une mentalité de croissance et en apprenant à voir les défis comme des opportunités, les hypersensibles peuvent transformer les obstacles en étapes d'évolution personnelle et professionnelle. Ce chapitre explore des moyens pour les hypersensibles de relever les défis avec courage, de rester ouverts aux apprentissages et d'aborder leur parcours comme un chemin de croissance continue.

Nous aborderons des pratiques concrètes pour accepter les défis, maintenir un état d'esprit positif et utiliser chaque expérience, même difficile, pour se renforcer et s'épanouir.

Adopter une Mentalité de Croissance pour Voir les Défis comme des Opportunités

Pour évoluer sereinement, il est essentiel de cultiver une mentalité de croissance. Cela signifie voir les défis comme des occasions d'apprentissage et de transformation, plutôt que comme des obstacles insurmontables.

1. Remplacer les Pensées Limitantes par des Affirmations Positives

Les hypersensibles, qui peuvent parfois douter de leurs capacités, peuvent travailler à remplacer les pensées limitantes par des affirmations positives. Par exemple, au lieu de penser « Je ne suis pas fait pour ce type de défi », ils peuvent se dire « J'ai la capacité d'apprendre et de grandir ». En reformulant leurs pensées de manière encourageante, ils se préparent à aborder les défis avec un esprit ouvert et confiant.

2. Apprendre à Voir les Erreurs comme des Expériences d'Apprentissage

Les erreurs font partie de tout parcours de développement. Plutôt que de voir une erreur comme un échec, les hypersensibles peuvent la considérer comme une expérience riche d'enseignements. En se demandant « Que puis-je apprendre de cette situation ? », ils transforment chaque erreur en une étape de leur croissance. Cette approche leur permet de rester motivés, même lorsqu'ils rencontrent des difficultés.

3. Valoriser les Progrès et les Compétences Développées

En adoptant une mentalité de croissance, les hypersensibles prennent le temps de reconnaître les compétences qu'ils développent à chaque étape. Par exemple, réussir à gérer un projet complexe ou apprendre à surmonter une situation difficile est un signe de leur évolution. En valorisant ces progrès, ils renforcent leur confiance en eux et maintiennent une vision positive de leur parcours.

Accueillir les Défis avec Ouverture et Courage

Les défis, bien que parfois intimidants, sont des occasions de repousser ses limites et de découvrir de nouvelles ressources intérieures. En cultivant l'ouverture et le courage, les hypersensibles peuvent aborder chaque défi comme une opportunité de se dépasser.

1. Prendre du Recul pour Réduire l'Anxiété Face aux Défis

Les hypersensibles peuvent ressentir une certaine anxiété face aux défis, en raison de leur sensibilité accrue aux nouvelles situations. Prendre du recul, en analysant objectivement la situation et en évaluant les ressources disponibles, les aide à voir le défi sous un angle plus mesuré. Par exemple, en divisant le défi en étapes plus petites, ils réduisent la pression et abordent chaque étape avec plus de confiance.

2. Visualiser la Réussite pour Renforcer la Motivation

La visualisation positive est une technique puissante pour renforcer la motivation et réduire les peurs. Les hypersensibles peuvent s'imaginer en train de réussir et de surmonter les obstacles avec succès. Cette visualisation leur permet de se projeter dans un avenir positif et de se sentir capables d'atteindre leurs objectifs, ce qui stimule leur courage et leur engagement.

3. Se Rappeler de ses Réussites Passées pour Cultiver la Confiance en Soi

Les défis passés offrent une source de motivation pour affronter les nouveaux obstacles. En se rappelant les moments où ils ont réussi à surmonter une difficulté, les hypersensibles se rappellent qu'ils possèdent déjà des ressources internes pour affronter les défis. Cette pratique les aide à relativiser les nouvelles situations et à renforcer leur confiance en eux.

Développer une Résilience pour Surmonter les Obstacles avec Sérénité

La résilience est une compétence essentielle pour les hypersensibles, car elle leur permet de faire face aux épreuves sans se laisser submerger. En renforçant leur résilience, ils peuvent non seulement surmonter les obstacles mais aussi en ressortir grandis et plus forts.

1. Pratiquer l'Auto-compassion dans les Moments Difficiles

Lorsqu'ils font face à un défi, les hypersensibles peuvent se montrer bienveillants envers eux-mêmes en pratiquant l'auto-compassion. Cela signifie se parler avec douceur et se rappeler qu'il est normal de ressentir des émotions intenses. En se montrant indulgents, ils surmontent les moments difficiles avec plus de sérénité et évitent de s'ajouter une pression inutile.

2. Adopter des Techniques de Relaxation pour Apaiser le Stress

Les techniques de relaxation, comme la respiration profonde, la méditation ou les exercices de pleine conscience, sont des outils précieux pour gérer le stress lié aux défis. Les hypersensibles peuvent intégrer ces pratiques dans leur quotidien pour maintenir un état d'esprit calme et centré, même dans les moments d'incertitude. Par exemple, quelques minutes de respiration profonde chaque jour peuvent réduire les tensions et aider à aborder les défis avec un esprit apaisé.

3. Voir chaque Défi comme une Occasion de Renforcer sa Résilience

Plutôt que de fuir les défis, les hypersensibles peuvent les voir comme des occasions d'entraîner leur résilience. En se disant « Ce défi me rendra plus fort », ils transforment chaque obstacle en une étape de leur croissance. Cette attitude positive les aide à rester engagés et à se sentir fiers de leur capacité à faire face aux situations exigeantes.

Transformer les Expériences en Opportunités d'Évolution

Chaque expérience, même difficile, peut être une source d'évolution et de transformation. Les hypersensibles, en prenant le temps de réfléchir et d'apprendre de leurs expériences, transforment chaque défi en une ressource pour leur croissance.

1. Tenir un Journal de Réflexion pour Intégrer les Apprentissages

Tenir un journal de réflexion est une pratique puissante pour intégrer les enseignements de chaque expérience. Les hypersensibles peuvent noter leurs ressentis, leurs réussites, et ce qu'ils ont appris face aux défis. Ce journal devient un outil de croissance personnelle, en leur permettant de voir leur progression et de mieux comprendre leurs réactions.

2. Identifier les Compétences et Qualités Renforcées

Après chaque défi, les hypersensibles peuvent prendre un moment pour identifier les compétences ou qualités qu'ils ont développées. Par exemple, réussir à mener un projet difficile peut renforcer leur capacité d'organisation ou leur résilience. En reconnaissant ces compétences acquises, ils se rendent compte de leur évolution et de l'enrichissement qu'apporte chaque expérience.

3. Célébrer les Progrès, Même Modestes

Enfin, il est essentiel pour les hypersensibles de célébrer leurs progrès, même modestes. Chaque pas en avant est un signe de croissance, et le fait de le reconnaître renforce la confiance en soi et la motivation. En célébrant chaque victoire, aussi petite soit-elle, ils se rappellent que le parcours est aussi important que le résultat.

Conclusion du Chapitre : Un Cheminement de Croissance Continue

Ce chapitre a exploré des manières pour les hypersensibles de voir les défis comme des occasions de croissance, en adoptant une mentalité de bienveillance et de courage. En acceptant les obstacles comme des étapes d'évolution, ils transforment leur parcours professionnel et personnel en un chemin de développement continu.

Pour les hypersensibles, chaque expérience, même difficile, est une source d'apprentissage et d'enrichissement. En restant ouverts aux défis, en cultivant leur résilience et en valorisant leurs progrès, ils construisent une vie épanouissante et alignée avec leurs valeurs. Dans le prochain chapitre, nous aborderons comment, avec cette mentalité de croissance, les hypersensibles peuvent construire un avenir aligné avec leurs aspirations profondes et poursuivre un cheminement vers l'accomplissement.

Conclusion : Vers une Vie Authentique et Épanouissante

Ce parcours à travers l'hypersensibilité, le développement personnel et le monde professionnel a montré combien cette sensibilité peut devenir une source de force, d'épanouissement et de réalisation de soi. Pour les personnes hypersensibles, la vie en milieu de travail et dans les relations peut présenter des défis uniques, mais elle offre également des occasions infinies de croissance, d'accomplissement et de connexion. À travers les stratégies, les réflexions et les pratiques explorées dans ce livre, chaque hypersensible peut trouver des moyens concrets d'utiliser ses qualités uniques pour vivre de manière authentique et épanouissante.

Dans cette conclusion, nous revisitons les points clés de cette exploration pour rappeler l'importance de l'authenticité, du bien-être et de la confiance en soi comme bases d'une vie en harmonie avec sa nature. Nous abordons également quelques dernières recommandations pour que les hypersensibles puissent continuer à avancer avec sérénité, confiance et gratitude, quels que soient les défis ou les changements qui se présentent.

1. L'Importance de l'Authenticité et de l'Acceptation de Soi

Au cœur de l'épanouissement des hypersensibles se trouve une acceptation profonde de soi et de ses particularités. En reconnaissant leur hypersensibilité non pas comme un fardeau mais comme une caractéristique précieuse, les hypersensibles peuvent se libérer des attentes extérieures et avancer en accord avec leur véritable nature.

S'accepter pleinement : Accepter sa sensibilité, c'est s'accorder la liberté d'être soi-même, sans se plier aux standards ou aux idées préconçues. En se libérant du besoin de se conformer, les hypersensibles ouvrent la voie à une vie alignée avec leurs propres valeurs et aspirations. Cette authenticité devient une base solide sur laquelle ils peuvent construire un avenir épanouissant.

Valoriser ses qualités uniques : Les qualités d'empathie, de créativité et d'intuition sont autant d'atouts précieux dans de nombreux domaines de la vie personnelle et professionnelle. Plutôt que d'essayer de les atténuer, les hypersensibles peuvent les embrasser et les utiliser pour nourrir des relations sincères, contribuer positivement à leur environnement et apporter des perspectives originales.

2. Construire une Vie Équilibrée et Pleine de Sens

Le bien-être des hypersensibles repose sur un équilibre qui respecte leurs besoins et leurs aspirations. En adoptant des habitudes qui soutiennent leur équilibre émotionnel, physique et mental, ils se donnent les moyens de naviguer sereinement dans un monde parfois intense.

Mettre en place des pratiques de soins personnels : Les hypersensibles peuvent bénéficier de rituels quotidiens de bien-être qui les aident à se recentrer, comme la méditation, la respiration profonde, ou les activités créatives. Ces pratiques leur permettent de préserver leur énergie et de mieux gérer les exigences du quotidien.

Rester connecté à ses valeurs et priorités : Construire une vie épanouissante implique de faire des choix qui reflètent ses valeurs personnelles. En restant fidèle à ce qui compte réellement pour eux, les hypersensibles s'assurent de poursuivre un chemin qui a du sens et qui nourrit leur âme, qu'il s'agisse de relations, de projets ou d'objectifs professionnels.

3. Développer la Résilience et Cultiver la Confiance en Soi

La résilience est une compétence essentielle pour naviguer dans les hauts et les bas de la vie. En cultivant la confiance en soi et en apprenant à rebondir après des épreuves, les hypersensibles renforcent leur capacité à faire face aux changements et aux défis avec sérénité.

Renforcer la résilience émotionnelle : La résilience permet aux hypersensibles de rester ancrés dans leur centre, même face aux moments difficiles. En développant cette qualité, ils deviennent capables de transformer les défis en occasions de croissance et de renforcer leur capacité à avancer malgré les obstacles.

Se rappeler de ses réussites et célébrer chaque progrès : La confiance en soi se construit en reconnaissant les réussites, petites et grandes, qui jalonnent le parcours. En célébrant leurs progrès, les hypersensibles renforcent leur sentiment de compétence et de fierté, ce qui leur donne la motivation de continuer à avancer vers leurs aspirations.

4. Inspirer et Partager son Énergie Positive avec les Autres

Les hypersensibles ont une capacité naturelle à toucher les autres par leur
bienveillance, leur écoute et leur compréhension. En partageant leur énergie positive,
ils peuvent contribuer à créer des environnements harmonieux et inspirants pour ceux
qui les entourent.

Apporter un soutien bienveillant et authentique : Que ce soit au travail ou dans la vie
personnelle, les hypersensibles peuvent utiliser leur empathie pour offrir un soutien
sincère et inspirant. En écoutant les autres, en les encourageant et en apportant des
mots réconfortants, ils montrent l'importance de la bienveillance dans les relations.

Inspirer par l'exemple : En vivant en accord avec leurs valeurs et en prenant soin
d'eux-mêmes, les hypersensibles inspirent les autres à faire de même. Leur manière de
s'engager pour leur bien-être et de rester fidèles à eux-mêmes devient un modèle pour
ceux qui les entourent, les encourageant à poursuivre une vie authentique et
épanouissante.

Derniers Conseils pour Avancer avec Sérénité et Confiance

Pour que les hypersensibles puissent continuer leur parcours de croissance et de bien-
être, voici quelques dernières recommandations à garder en tête.

Prendre le temps de se reposer et de se ressourcer : Le repos et les moments de
calme sont essentiels pour maintenir un équilibre émotionnel. En s'accordant
régulièrement du temps pour se recharger, les hypersensibles préservent leur énergie
et leur motivation.

Ne pas craindre le changement et l'évolution : La vie est en constante évolution, et
chaque changement apporte de nouvelles perspectives. En restant ouverts aux
transformations, les hypersensibles peuvent découvrir des opportunités inattendues
qui enrichissent leur parcours et renforcent leur épanouissement.

S'accorder de la bienveillance et de la patience : Enfin, il est important de se traiter
avec bienveillance et de respecter son rythme. Les hypersensibles, en se donnant le
temps de grandir et en acceptant que chaque étape est un apprentissage, avancent
sereinement vers leurs objectifs.

Conclusion Finale : Une Vie Remplie de Sens et d'Épanouissement

Les personnes hypersensibles, en apprenant à voir leur sensibilité comme une force,
ont le pouvoir de transformer leur vie en une aventure enrichissante, remplie de sens et

de moments de connexion sincère. En construisant une vie alignée avec leurs valeurs, en cultivant leur bien-être et en partageant leur énergie positive avec le monde, elles créent non seulement un chemin épanouissant pour elles-mêmes, mais elles inspirent également les autres à faire de même.

L'hypersensibilité, lorsqu'elle est comprise, acceptée et valorisée, devient une richesse qui nourrit toutes les dimensions de la vie. En suivant les pratiques et les conseils de ce livre, chaque hypersensible peut avancer avec confiance, sérénité et joie vers un avenir qui lui ressemble et qui le remplit d'accomplissement.

www.ingramcontent.com/pod-product-compliance
Lightning Source LLC
Chambersburg PA
CBHW061504250726
48657CB00005B/1722